Gary Chapman - Randy Southern

Zweisamzeit

52 Ideen
um Ihren Partner
zu überraschen

francke

Über die Autoren:
Dr. Gary Chapman hat Anthropologie studiert und war viele Jahre in der Paarberatung tätig. Er ist der Autor zahlreicher Bücher und als Experte für Beziehungsfragen international bekannt. Mit seinem New York Times-Bestseller »Die 5 Sprachen der Liebe«, der in über 60 Sprachen übersetzt wurde, hat er einen neuen Schlüssel zur Kommunikation gefunden und ein Millionenpublikum erreicht. Zusammen mit seiner Frau Karolyn lebt er in North Carolina.

Randy Southern hat bereits mehrfach mit Gary Chapman zusammengearbeitet und ist der Co-Autor von »Die 5 Sprachen der Liebe für Familien« sowie »Die 5 Sprachen der Liebe für Männer«. Zusammen mit seiner Familie lebt er in Illinois.

Bibliografische Information der Deutschen Nationalbibliothek
Die Deutsche Nationalbibliothek verzeichnet diese
Publikation in der Deutschen Nationalbibliografie;
detaillierte bibliografische Daten sind im Internet
über http://dnb.dnb.de abrufbar.

ISBN 978-3-96362-168-0
This book was first published in the United States by
Moody Publishers, 820 N. LaSalle Blvd., Chicago, IL 60610
with the title *52 Uncommon Ways to Unwind Together*,
copyright © 2020 by Gary D. Chapman &
Christopher Hudson & Associates, Inc.
Translated py permission. All rights reserved.
© der deutschsprachigen Ausgabe
2020 by Verlag der Francke-Buchhandlung GmbH
35037 Marburg an der Lahn
Deutsch von Anja Findeisen-MacKenzie
Umschlagbild: © iStockphoto.com / Axel_wolf
Pixabay / Clker-Free-Vector-Images
Umschlaggestaltung: Verlag der Francke-Buchhandlung GmbH
Satz: Verlag der Francke-Buchhandlung GmbH
Printed in Czech Republic

www.francke-buch.de

Inhalt

Einführung von Gary Chapman

Das Zusammenleben als Paar kann sehr ausgefüllt und stressig sein und manchmal auch zur Routine werden. Das ist nicht das, was wir geplant oder uns gewünscht haben – es passiert einfach. Wenn unsere Beziehung ins Driften gerät, dann driften wir meistens auseinander. Um dem entgegenzuwirken, sollten wir unsere Ruder ins Wasser lassen und uns wieder gemeinsam auf unser gestecktes Ziel zubewegen: eine intensive, liebevolle Beziehung, die wir genießen können und in der wir uns gegenseitig unterstützen.

Im vorliegenden Buch gibt Randy Southern uns 52 ungewöhnliche und doch ganz praktische Anregungen, wie wir uns gemeinsam entspannen und unsere Beziehung auffrischen und erneuern können. Warum gerade 52? Weil das Jahr 52 Wochen hat. Allerdings muss man ehrlicherweise sagen: Es ist wahrscheinlich nicht realistisch, dass wir jede Woche eine der Ideen durchführen können. Also setzen wir uns besser ein Ziel: jede zweite Woche oder auch nur einmal im Monat. Auf jeden Fall bewegen wir uns so in die richtige Richtung.

Dieses Buch ist nicht einfach nur zum Lesen da. Es will erlebt werden. Es liefert uns Inspiration. Damit daraus wirklich gute »Zweisamzeit« werden kann, braucht es aber eine bewusste Entscheidung und eine aktive Herangehensweise.

Was mir an diesem Buch so gefällt, ist, dass die Ideen wirklich sehr originell sind. Manche wären mir nie in den Sinn gekommen, aber wenn ich sie lese, denke ich: *Oh ja, das könn-*

ten wir mal machen. Warum bin ich noch nicht selbst darauf gekommen?

Vielleicht möchten Sie aufgrund Ihrer Persönlichkeit, wegen körperlicher Einschränkungen oder bedingt durch Ihre emotionale Verfassung nicht alle der in diesem Buch unterbreiteten Vorschläge in die Tat umsetzen. Mit den meisten werden Sie jedoch bestimmt etwas anfangen können. Lassen Sie sich nicht abschrecken durch den Gedanken: »So etwas haben wir doch noch nie gemacht!« Genau darum geht es ja. Wenn man Woche für Woche ohne Abwechslung immer dasselbe tut, wird es schnell langweilig. Die Routine hat zwar ihr Gutes – sie hilft uns, notwendige Dinge effektiv zu erledigen – aber hin und wieder müssen wir sie auch durch Aktionen, die aus der Reihe fallen, durchbrechen.

An Randys Ansatz überzeugen mich drei Dinge ganz besonders: 1.) Zu jeder Aktion gibt es einen Bibeltext mit Fragen, die uns in ein vertiefendes Gespräch hineinführen. 2.) Jeder Vorschlag hat etwas mit einer der fünf Liebessprachen zu tun: Lob und Anerkennung, Geschenke, Hilfsbereitschaft, Zweisamkeit und Zärtlichkeit. Denn immerhin ist es unser größtes Bedürfnis, uns geliebt zu fühlen. In der Ehe bzw. einer Partnerschaft gibt es nichts Wichtigeres, als uns dieses Bedürfnis gegenseitig zu erfüllen. 3.) Für alle Interessierten schlägt Randy Texte aus der »Bibel für Paare« vor, die vielen Menschen geholfen hat, die Botschaft der Bibel ganz praktisch in ihrem Alltag zur Anwendung kommen zu lassen.

Ich hoffe, dass Sie die kreativen Möglichkeiten, die dieses Buch Ihnen bietet, so hilfreich finden, dass Sie auch anderen Paaren davon berichten. Eine Liebesbeziehung kann entweder wachsen oder sie macht Rückschritte. Es gibt keinen Stillstand. Daher ist jede Unterstützung wertvoll, die uns dabei hilft, uns zu entspannen, Stress abzubauen und frischen Wind in unsere Partnerschaft zu bringen. Mit diesem Buch gibt Randy uns etwas an die Hand, mit dem wir genau das erreichen können.

Was sind die fünf Sprachen der Liebe? Welche ist Ihre?

 **Lob und Anerkennung:** Taten sprechen nicht immer lauter als Worte. Wenn dies Ihre Sprache der Liebe ist, dann bedeuten Ihnen Komplimente, die Sie ohne besonderen Anlass erhalten, sehr viel. Die Worte »Ich liebe dich« zu hören, ist Ihnen besonders wichtig, und wenn der andere die Gründe dafür formuliert, gibt Ihnen das Auftrieb.

 **Zweisamkeit:** Nichts übermittelt die Botschaft »Ich liebe dich« so gut wie unsere volle, ungeteilte Aufmerksamkeit. Für einen Menschen da zu sein, dessen Sprache der Liebe die Zweisamkeit ist, ist einfach unabdingbar. Doch *wirklich* für ihn da zu sein – mit ausgeschaltetem Fernseher, abgelegtem Besteck und allen anstehenden Aufgaben auf Stand-by – das vermittelt diesem Menschen das Gefühl, wertgeschätzt und geliebt zu werden.

 **Geschenke:** Der oder die Beschenkte freut sich am meisten über die Liebe, Aufmerksamkeit und Mühe, die hinter dem Geschenk stehen. Wenn das Ihre Sprache der Liebe ist, dann vermittelt ein Geschenk oder eine liebe Geste Ihnen idealerweise, dass der andere Sie gut kennt, sich um Sie kümmert und dass Sie ihm wichtiger sind als das, was er investieren musste.

 **Hilfsbereitschaft:** Wenn einem Menschen Hilfsbereitschaft sehr wichtig ist, dann spricht in seinen Augen all das Bände, was wir tun, um ihm tatkräftig zur Seite zu stehen. Was ein solcher Mensch am liebsten von uns hören möchte, ist: »Lass mich das für dich übernehmen.«

 **Zärtlichkeit:** Eine Person, deren wichtigste Liebessprache die Zärtlichkeit ist, freut sich über Umarmungen, Schulterklopfen und bewusste Berührungen im Allgemeinen. Sie vermitteln ihr die Zuneigung, Anteilnahme, Fürsorge und Liebe ihres Gegenübers.

Besuchen Sie die Internetseite 5lovelanguages.com, um Ihre persönliche »Muttersprache« der Liebe herauszufinden. (Eine deutschsprachige Version des Tests finden Sie zum Beispiel in dem Buch *Die 5 Sprachen der Liebe – Wie Kommunikation in der Partnerschaft gelingt.*)

1. Eine Zeitreise ins Jahr 1999

… oder 1989 oder 2009 oder in irgendein anderes Jahr, das für Ihre/n Partner/in wichtig war. Vielleicht das, in dem er/sie die Schule beendet hat. Oder das, in dem Sie beide sich kennengelernt haben. Egal, welches Sie wählen – machen Sie dieses Jahr zum Motto eines Abends, den Sie miteinander verbringen. Alles, was Sie tun und worüber Sie reden, sollte einen Bezug zu damals haben.

Das Tüpfelchen auf dem i

Wie weit Sie mit dieser Idee gehen wollen, hängt von Ihrer beider Persönlichkeiten ab und von der Zeit, die Sie zur Vorbereitung haben. Die schnellste und einfachste Variante wäre, eine Playlist mit Songs zu erstellen, die die schönen Erinnerungen an jenes besondere Jahr lebendig werden lassen. Sie könnten Jahrbücher, Fotos und andere persönliche Dinge aus dieser Zeit ausgraben. Sie könnten sich nach der damaligen Mode frisieren oder schminken. Aufwendiger wäre es, Kleidung aus jener Zeit aufzutreiben oder gar ein passendes Auto.

Zum Ablauf

Entdecken Sie Ihre nostalgische Seite und feiern Sie das Leben, wie es 1999 war – oder in dem Jahr, das Sie gewählt haben (wir nehmen im Folgenden 1999 als Beispiel). Wenn Sie immer noch in derselben Gegend leben, planen Sie Ihr Date rund um Orte, die die Vergangenheit in Ihnen wachrufen. Essen Sie in Ihrem damaligen Lieblingsrestaurant. Spielen Sie Minigolf, fahren Sie Gokart oder gehen Sie ins Kino und setzen Sie sich auf dieselben Plätze wie damals. Suchen Sie weitere Orte auf, an denen Sie Zeit verbracht haben, und machen Sie einen Spaziergang durch Ihre frühere Nachbarschaft. Besuchen Sie Ihren alten Spielplatz. Tauchen Sie in Ihre Erinnerungen ein.

Eine andere Möglichkeit wäre, die Zeitreise als Gruppenereignis aufzuziehen. Laden Sie Freunde aus jener Zeit ein, die immer noch in der Nähe leben, und feiern Sie gemeinsam. Teilen Sie ihnen mit, wie Sie sich das Ganze vorgestellt haben, und lassen Sie eine Party steigen. Bitten Sie alle Teilnehmenden, sich mit passenden Frisuren, Kleidern, Accessoires und Erinnerungsstücken einzufinden.

Auch wenn Ihr derzeitiger Wohnort nicht mit dieser Zeit in Verbindung steht, können Sie mit Ihrem jetzigen Freundeskreis trotzdem eine Themenparty rund um das Jahr 1999 planen – oder Sie suchen dort mit Ihrem Partner / Ihrer Partnerin Orte auf, die es bereits 1999 gab. Während Ihres Dates sollten Sie sich in Ihren Gesprächen auf Ereignisse und Erinnerungen aus dem Jahr konzentrieren. Sprechen Sie über Ihre damaligen Hoffnungen, Träume und Erwartungen. Überlegen Sie, was Sie damals als Belastung empfunden haben und wie es heute damit aussieht.

 # Die richtige Sprache sprechen

Wenn Zärtlichkeit die wichtigste Liebessprache des anderen ist, sollten Sie das Jahr, in dem Sie beide sich kennengelernt haben, als Motto Ihres Dates wählen. Gehen Sie, falls möglich, an den Ort, wo Sie sich das erste Mal an den Händen gehalten oder geküsst haben. Empfinden Sie die Situation so genau wie möglich nach. Vielleicht gelingt es Ihnen ja, die damaligen Gefühle der Nervosität und Aufregung wiederzuentdecken, wenn Sie einander erneut an den Händen halten und sich küssen.

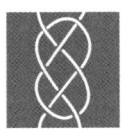 ## Den »Dritten im Bunde« miteinbeziehen

Diskutieren Sie gemeinsam die Worte des Apostels Paulus in 1. Korinther 13,11:

»Als Kind redete, dachte und urteilte ich wie ein Kind. Doch als Erwachsener habe ich das kindliche Wesen abgelegt.«

Wenn Sie möchten, verwenden Sie die folgenden Fragen als Grundlage für Ihr Gespräch über diese Bibelstelle. Die Antworten, die sich in Klammern hinter der jeweiligen Frage befinden, sind nur Vorschläge, die als Anregung für Ihr gemeinsames Nachdenken dienen und ebenfalls diskutiert werden können. Sie sollten nicht als die »korrekten« Antworten auf die Fragen verstanden werden.

> ➤ Welche Meinungen, Einstellungen und Ansichten haben Sie hinter sich gelassen, als Sie erwachsen gewor-

den sind? (Vielleicht haben Sie zum Beispiel erkannt, dass Ihre »Helden« ganz normale Menschen waren, die ähnliche Probleme hatten wie Sie.)

> Was aus Ihrer Kindheit und Ihren Teenagerjahren konnten Sie nur schwer hinter sich lassen? (Vielleicht gab es Gewohnheiten, die Sie ablegen mussten. Oder Freundschaften, die den Übergang ins Erwachsenenalter nicht überstanden haben.)

> Wenn Sie in die Vergangenheit zurückkehren und mit Ihrem jüngeren Ich sprechen könnten (in dem Jahr, das Sie als Motto für Ihr Date gewählt haben), was würden Sie dann sagen? Welchen Rat würden Sie sich selbst geben? (Erinnern Sie sich noch, wie es damals in Ihrem Leben aussah? Gibt es etwas, das Ihr jüngeres Ich hätte hören sollen, das ihm aber nie gesagt wurde? Wenn Sie damals da gewesen wären, um Ihrem jüngeren Ich beizustehen – was wissen Sie heute, das Sie ihm gern mitgeteilt hätten?)

> Wenn Ihr jüngeres Ich heute mit Ihnen reden könnte, was würde es zu Ihnen sagen? Welchen Rat würde es Ihnen geben, wie Sie mit Stress und Belastungen in Ihrem Leben umgehen sollen? (Vielleicht nehmen Sie sich selbst zu ernst oder Sie setzen nicht die richtigen Prioritäten.)

> Wie rüstet Gott uns aus, damit wir mit dem erhöhten Stress und der Verantwortung als Erwachsene fertigwerden können? (Gott ist in jedem Moment bei uns und gibt uns genau das, was wir in der jeweiligen Situation brauchen. Er ist die Quelle unseres Lebens und schenkt uns Begegnungen mit Menschen, die uns daran erinnern, wer er ist und wer wir in seinen Augen sind.)

Beten Sie gemeinsam. Danken Sie Gott für seine Geduld und sein Wirken in Ihrem Leben – dass er Sie dazu ausgerüstet hat, mit den Herausforderungen des Erwachsenseins umzugehen, und dass er Sie mit Menschen umgeben hat, die Ihr Leben bereichern. Bitten Sie ihn um seine weitere Führung und seinen Frieden in allem, was auf Sie zukommt.

Lesetipp

Andacht aus der *Bibel für Paare,* S. 102 a (»Die Wunden der Vergangenheit«)

2. Ihr persönlicher Chauffeur-Service

Für viele Leute gehören die Fahrten zur Arbeit und zurück zu den stressigsten Zeiten des Tages. Wenn das auch für Ihr/e Partner/in gilt, können Sie die Belastung durch das Pendeln vorübergehend verringern, indem Sie einen Tag lang das Steuer übernehmen und Ihre/n Partner/in bequem zur Arbeit und zurück kutschieren.

Das Tüpfelchen auf dem i

Wenn Sie ähnliche Arbeitszeiten haben wie Ihr/e Partner/in, müssen Sie vielleicht umplanen, um diese Idee in die Tat umsetzen zu können. Vielleicht möchten Sie auch erst noch den Wagen vorbereiten, ihn innen und außen reinigen, wie es ein echter Chauffeur auch tun würde.

Denken Sie daran, dass die ganze Aktion zwei Teile hat, denn Ihr/e Partner/in braucht auch einen Chauffeur für die Rückfahrt. Zusätzlich könnten Sie anbieten, Ihre/n Partner/in zum Mittagessen abzuholen und dann wieder zurückzubringen.

Wenn nötig, machen Sie sich mit der Route und der Verkehrslage vertraut. Je wohler Sie sich selbst hinter dem Steuer fühlen, desto entspannter kann Ihr/e Partner/in sich als Passagier zurücklehnen.

Zum Ablauf

Sie müssen sich nicht unbedingt als Chauffeur verkleiden (obwohl eine entsprechende Mütze natürlich schick wäre), aber Sie sollten wie ein Chauffeur *denken* und den Komfort und das Wohlbefinden Ihres »Fahrgastes« zur obersten Priorität machen.

Bereiten Sie den Sitzplatz für Ihre/n Partner/in vor – egal ob auf dem Beifahrersitz oder auf der Rückbank. Halten Sie Kissen bereit (für den Kopf, den Nacken und den Rücken). Stellen Sie die Heizung auf die richtige Temperatur ein. Platzieren Sie einen Becher Kaffee und vielleicht auch ein paar leckere Kekse oder Ähnliches dort, wo Ihr/e Partner/in sie gut erreichen kann.

Wählen Sie im Autoradio den Lieblingssender Ihres Partners / Ihrer Partnerin oder stellen Sie für die Fahrt eine besondere Playlist nach seinem/ihrem Geschmack zusammen. Schaffen Sie im Wagen eine Atmosphäre, die für Ihre/n Partner/in angenehm ist. Wenn er oder sie sich morgens gerne unterhält, überlegen Sie sich einen schönen Gesprächseinstieg. Wenn Ihr/e Partner/in aber lieber still sein will, respektieren Sie diesen Wunsch.

Die richtige Sprache sprechen

Wenn die »Muttersprache« der Liebe Ihres Partners / Ihrer Partnerin Geschenke sind, packen Sie doch ein paar Kleinigkeiten ein, die er oder sie auf dem Weg zur Arbeit öffnen kann. Denken Sie dabei an Dinge, die am Arbeitsplatz gebraucht werden könnten: ein gerahmtes Bild von Ihnen beiden, einen neuen Kaffeebecher, einen Magneten mit einem guten Spruch, einen Antistressball, einen Fidget Spinner oder eine andere witzige kleine Aufmerksamkeit. Halten Sie nach etwas Ausschau, das für Entspannungsmomente sorgen könnte.

Den »Dritten im Bunde« miteinbeziehen

Abends, wenn Ihr/e Partner/in sich ausreichend entspannt hat, sprechen Sie miteinander darüber, ob es für ihn oder sie schwierig war, morgens auf der Fahrt zur Arbeit die »Kontrolle abzugeben« und jemand anderem das Steuer zu überlassen.
Lesen Sie gemeinsam Jeremia 29,11:

»Denn ich allein weiß, was ich mit euch vorhabe: Ich, der HERR, habe Frieden für euch im Sinn und will euch aus dem Leid befreien. Ich gebe euch wieder Zukunft und Hoffnung. Mein Wort gilt!«

Obwohl diese Worte ursprünglich an die aus Jerusalem ins Exil verschleppten Juden gerichtet waren, sprechen sie jeden Menschen an, der sein Vertrauen auf den Herrn setzt.

Wenn Sie möchten, verwenden Sie die folgenden Fragen und die Denkanstöße in Klammern als Grundlage für Ihr Gespräch über den Bibelvers:

> ➤ Wie hat Gott Ihre Familie befreit und ihr Hoffnung geschenkt? (Gott hat Sie und Ihre Familie durch Schwierigkeiten hindurchgeführt. Sie haben seine Treue in der Vergangenheit erfahren und das kann Ihnen Hoffnung für die Gegenwart und die Zukunft schenken.)

> ➤ Warum ist es (manchmal) immer noch so schwer, ihm die Kontrolle zu überlassen? (Oft fürchten wir uns davor, Gott komplett die Führung zu überlassen, wenn wir uns in einer schwierigen Situation befinden. Es ist zum Beispiel einfach, ihm unsere Finanzen anzuvertrauen, wenn wir relativ abgesichert sind, aber sobald unsere Sicherheit schwindet, ergreifen wir selbst das Steuer.)

> ➤ Wie können wir einander helfen, unseren Griff zu lockern und Gott das Steuer unseres Lebens zu überlassen? (Versprechen Sie einander, sich gegenseitig liebevoll daran zu erinnern, dass Sie in bestimmten Lebensbereichen nichts vor Gott zurückhalten, sondern ihm alles anvertrauen sollten.)

Wenn Sie sich noch intensiver mit diesem Thema beschäftigen wollen, lesen Sie die Berichte des Alten Testamentes über Bileam (4. Mose 22) und Jona (Jona 1–4). Beide Männer versuchten, Gott die Zügel ihres Lebens aus der Hand zu nehmen. Bileam lenkte seinen Esel direkt einem Engel entgegen, der ein Schwert in der Hand hielt. Er entging dem Tod nur deshalb, weil das Tier, auf dem er ritt, eine klarere geistliche

Sicht hatte als er selbst. Jona wiederum wählte einen Weg, der ihn im Magen eines großen Fisches landen ließ.

Tauschen Sie sich über Zeiten aus, in denen Sie sich wie Bileam und Jona verhielten und Gott nicht ans Steuer lassen wollten. Sprechen Sie darüber, welche Folgen das hatte und was Sie daraus gelernt haben.

Beten Sie miteinander. Danken Sie Gott für seine Geduld in den Zeiten, in denen Sie ihm die Kontrolle am liebsten entrissen hätten, für seine Weisheit und liebevolle Führung und dafür, dass er Sie befreit und Ihnen Zukunft und Hoffnung schenkt.

Lesetipp

Andacht aus der *Bibel für Paare*, S. 794 b (»Er geht uns voran«)

3. Der erste Eindruck

Was wäre passiert, wenn Sie beide sich zu einem anderen Zeitpunkt in Ihrem Leben kennengelernt hätten? Hätte es trotzdem gefunkt? Hätten Sie sich sofort zueinander hingezogen gefühlt? Wäre es Liebe auf den ersten Blick gewesen? Diese Fragen können Sie mithilfe dieses kreativen und schnell durchführbaren Experiments beantworten.

Das Tüpfelchen auf dem i

Sie könnten dieser Idee noch eine besondere Dimension verleihen, indem Sie ein paar Ihrer Freunde miteinbeziehen – idealerweise solche, die Sie nicht schon gekannt haben, als Sie jünger waren. Dazu müssen Sie zwei vollständige Dating-Profile anlegen und ausdrucken, ähnlich wie man sie bei seriösen Online-Partnerbörsen findet. Stellen Sie dabei sicher, dass die Profile anonym sind – ohne Fotos, Namen oder eindeutige Hinweise, mit denen man Sie oder Ihre/n Partner/in identifizieren könnte.

Bitten Sie Ihre Freunde, die Profile zu lesen – ohne ihnen zu verraten, um wen es sich dabei handelt – und zu sagen, ob diese beiden Personen zueinander passen würden. Ermutigen Sie sie zu einer eingehenden Analyse; sie sollen feststellen, welche Eigenschaften und Charakterzüge kompatibel sind und welche nicht. (Natürlich sollten Sie sich bei der ganzen Aktion den Humor bewahren, selbst wenn Ihre Freunde keine einzige Übereinstimmung finden können.)

Zum Ablauf

Je älter Sie waren, als Sie einander kennenlernten, desto ergiebiger wird diese Aktion für Sie sein. Gehen Sie gedanklich zu einem Zeitpunkt einige Jahre, bevor Sie sich kennenlernten, zurück, und versuchen Sie sich vorzustellen, wie Sie damals waren. Wie sahen Sie aus? Was waren Ihre Hobbys und Leidenschaften? Welche Eigenschaften waren Ihnen bei Personen des anderen Geschlechts wichtig?

Nach Ihrem Brainstorming erstellen Sie Dating-Profile, die damals gut zu Ihnen gepasst hätten. Seien Sie dabei so kreativ und direkt, wie Sie mögen. Ihr Profil sollte nicht nur widerspiegeln, wer Sie waren und wonach Sie gesucht haben, sondern ruhig auch einen besonderen Touch haben. Es könnte zum Beispiel in diese Richtung gehen:

Du suchst jemanden mit Rhythmus im Blut, Abenteuergeist und einem umwerfenden Körperbau? Ich spiele Schlagzeug in einer Marschkapelle, gehe am Wochenende klettern und nehme an Schwimmwettkämpfen teil. Essenstechnisch probiere ich gern Neues aus und ich habe eine Schwäche für alte Filme.

Han Solo sucht Prinzessin Leia. Ich suche eine Draufgängerin mit Hang zum Nerdigen. Goldener Bikini optional.

Sobald Sie Ihre Dating-Profile erstellt haben, tauschen Sie sie aus und suchen nach Gemeinsamkeiten. Hätten Sie sich damals füreinander interessiert? Wenn ja, warum? Wenn nein, warum nicht? (Falls nicht, bleiben Sie liebevoll, selbstironisch und ehrlich, während Sie sich darüber unterhalten.)

Die richtige Sprache sprechen

Diese Idee ist eine großartige Gelegenheit, um jemandem, dessen Sprache der Liebe Lob und Ankerkennung ist, etwas Gutes zu tun. Erstellen Sie ein zweites Profil für Ihre/n Partner/in – dieses Mal ein Eheprofil. Schreiben Sie die positiven Eigenschaften auf, die Sie an Ihrem Partner / Ihrer Partnerin schätzen – Charakterzüge, die Sie immer noch anziehend finden und die Sie dankbar dafür sein lassen, dass Sie mit diesem Menschen verheiratet sind.

Den »Dritten im Bunde« miteinbeziehen

Lesen Sie gemeinsam Klagelieder 3,25-26:

»Der HERR ist gut zu dem, der ihm vertraut und ihn von ganzem Herzen sucht. Darum ist es das Beste, geduldig zu sein und auf die Hilfe des HERRN zu warten.«

Wenn Sie möchten, verwenden Sie die folgenden Fragen und die Denkanstöße in Klammern als Grundlage für Ihr Gespräch über die beiden Verse:

- Was passiert, wenn wir versuchen, Gottes Timing zu beschleunigen? (Wir merken, dass unsere Vorstellung vom »richtigen Zeitpunkt« trügerisch ist. Wir übersehen das, was Gott uns bereits jetzt an Gutem schenkt, wenn wir unseren Blick nur auf das richten, was wir noch nicht haben.)
- Warum ist es manchmal so schwierig, geduldig auf die Hilfe des Herrn zu warten? (Wenn wir sehen, wie er im Leben von anderen Menschen wirkt, werden wir leicht neidisch. Wir fragen uns, ob wir »bestraft« werden sollen oder eine Lektion erteilt bekommen.)
- Wo sehen Sie Gottes Timing in Ihrer Beziehung? (Ihre persönlichen Ecken und Kanten, die es vielleicht verhindert hätten, dass Sie zu einem früheren Zeitpunkt eine Beziehung miteinander eingegangen wären, wurden im Laufe der Zeit durch Ihren wachsenden Erfahrungsreichtum abgerundet. So wurden Sie beide attraktiver füreinander und fanden schließlich zusammen. Sie hatten die Chance, erst zu reifen und zu entdecken, was Sie sich in Bezug auf Ihre künftige Ehe/Partnerschaft wünschten.)

Beten Sie miteinander. Danken Sie Gott für das perfekte Timing, das Sie im Rückblick auf Ihre Beziehung erkennen können. Bitten Sie ihn um Weisheit, damit Sie sein Timing auch in anderen Bereichen Ihres Lebens annehmen können und die Geduld aufbringen, auf seine Hilfe zu warten.

Lesetipp

Andacht aus der *Bibel für Paare*, S. 648 a (»Gott spricht. Zuhören!«)

4. Tanz mit mir!

Für einen Tango braucht man zwei. Ebenso für einen Merengue, Foxtrott oder Walzer. Wenn Sie noch keinen dieser Tänze beherrschen – oder vielleicht schon länger überlegen, ob sie nicht öfter mal tanzen sollten –, hier ist die Gelegenheit dazu! Reservieren Sie sich einen bestimmten Zeitraum, um mit Ihrem Partner / Ihrer Partnerin einen neuen Tanz einzuüben.

Das Tüpfelchen auf dem i

Es wäre ja schade, wenn Sie viel Zeit und Mühe in das Erlernen neuer Tanzschritte investieren würden, ohne diese einmal irgendwo vorführen zu können. Daher ist es vielleicht sinnvoll, die Aktion im Vorfeld einer Hochzeit von Freunden oder Familienmitgliedern zu planen. Nehmen Sie das Event zum Anlass, um den Tanz Ihrer Wahl einzustudieren. Und wenn dann der Tag der Hochzeit kommt, können Sie Ihr neu erworbenes Können allen präsentieren (wobei Sie natürlich nicht der Braut und dem Bräutigam die Schau stehlen sollten).

Zum Ablauf

Als Erstes sollten Sie sich überlegen, welcher Tanz es sein soll. Hätten Sie gern etwas Langsames oder Schnelles, etwas Formelles oder Informelles? Wenn Sie hier eine Entscheidung getroffen haben, können Sie als Nächstes das *Wie* in Angriff nehmen. Es gibt viele Möglichkeiten, wie man Tanzschritte erlernen kann. Möchten Sie sich vielleicht zu einem Tanzschulkurs anmelden? Sie können auch Freunde oder Familienangehörige mit Tanzerfahrung als Lehrer engagieren. Oder Sie greifen auf Videos aus dem Internet zurück.

Überlegen Sie sich außerdem, wie viel Zeit Sie in das Ganze investieren wollen. Es gibt viele kurze Schrittfolgen, die man in einer einzigen Tanzstunde lernen kann. Andere wiederum erfordern ein wöchentliches oder sogar tägliches Üben.

Die innere Einstellung trägt maßgeblich dazu bei, wie Sie sich schlagen. Und natürlich wollen Sie Spaß an der Sache haben. Doch Sie brauchen auch ein gewisses Maß an Selbstdisziplin und Entschlossenheit, um bei jeder Übungsstunde besser zu werden. Behalten Sie aber gegenüber Ihrem/r Partner/in eine geduldige und ermutigende Haltung. Denken Sie daran: Ihr Erfolg hängt letztendlich davon ab, ob Sie sich harmonisch miteinander bewegen können.

 ## Die richtige Sprache sprechen

Dieses Abenteuer ist genau das Richtige für jemanden, dessen Liebessprache Zärtlichkeit ist. Wählen Sie zum Beispiel einen Stil aus, bei dem Wange an Wange getanzt werden kann. Während Sie miteinander üben, könnten Sie gelegentlich –

absichtlich, aber nicht zu auffällig – die Bewegungen »verpatzen«, die am meisten Körperkontakt erfordern. So stellen Sie sicher, dass diese öfter wiederholt werden müssen.

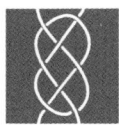

Den »Dritten im Bunde« miteinbeziehen

Lesen Sie gemeinsam die folgenden Bibelstellen:

> 2. Samuel 6,14: »Als der Zug sich wieder in Bewegung setzte, tanzte David voller Hingabe neben der Bundeslade her, um den HERRN zu loben. Er war nur mit einem leichten Leinenschurz bekleidet, wie ihn sonst die Priester trugen.« Der Vers steht im Zusammenhang mit der Rückkehr der Bundeslade nach Jerusalem, einem der Höhepunkte in der Regierungszeit König Davids.

> Prediger 3,1.4: »Jedes Ereignis, alles auf der Welt hat seine Zeit: [...], Weinen und Lachen, Klagen und Tanzen.«

Wenn Sie möchten, verwenden Sie die folgenden Fragen und die Denkanstöße in Klammern als Grundlage für Ihr Gespräch über diese Verse:

> Warum hat König David wohl getanzt? (Tanzen war für ihn ein Ausdruck der Freude und Dankbarkeit.)

> Später wird in 2. Samuel 6 berichtet, dass Davids Frau ihn für sein Tanzen kritisierte, da dies ihrer Meinung nach eines Königs nicht würdig sei. Warum lassen wir uns oft von den Meinungen anderer Leute eingrenzen? (Wenn für manche Menschen gerade nicht die »Zeit

zum Tanzen« ist, sind sie vielleicht neidisch auf andere, denen es anders geht. Also zielen sie auf unsere Hemmungen ab, um unsere Freude zu dämpfen.)

➤ Woher wissen wir, dass es Grund zum Tanzen gibt? (Jeder Zeitpunkt, zu dem wir Gottes große Güte in unserem Leben erfahren, ist eine Gelegenheit zum Tanzen. Diesen Zeitpunkt entdecken zu können, heißt oft einfach nur, dass wir jeden Moment bewusst wahrnehmen und bereit sind, darauf zu reagieren.)

Beten Sie gemeinsam. Danken Sie Gott für seine Gegenwart zu allen Zeiten Ihres Lebens. Bitten Sie ihn um den Mut, ganz unbefangen und voller Freude zu tanzen, wie David es tat – wenn es Zeit dafür ist.

Lesetipp

Andacht aus der *Bibel für Paare,* S. 998 b (»Wüstenzeiten«)

5. Ein besonderer »Kinoabend«

Hier geht es darum, während des gemeinsamen Anschauens Ihres Hochzeitsvideos und/oder Ihrer Hochzeitsfotos Ihren eigenen Kommentar – der gerne lustig und auch ein bisschen ironisch sein darf – abzugeben. Falls Sie noch nicht verheiratet, aber schon länger ein Paar sind, können Sie das Ganze auch einfach mit gemeinsamen Fotos aus der Anfangszeit Ihrer Beziehung durchführen.

Das Tüpfelchen auf dem i

Noch mehr Spaß macht das Ganze in einer Gruppe. Vielleicht möchten Sie ein paar Ihrer engsten (und lustigsten) Freunde einladen, damit diese auch ihren Senf zum Film bzw. der Bildershow abgeben. Machen Sie einen gemütlichen Abend daraus – mit Popcorn und anderen Knabbersachen, die zu einem Kinoabend dazugehören.

Wenn es um Ihre Hochzeit geht, weisen Sie vorsichtshalber darauf hin, dass es um einen der glücklichsten und wichtigsten Tage Ihres Lebens geht. Viele Leute, die dabei waren, sind sehr gute Freunde und Familienmitglieder. Da sollten die Kommentare nicht zu scharfzüngig werden.

Zum Ablauf

Bestimmt gibt es in Ihrem Video genug, worüber man lachen kann, sei es das eigenwillige Verhalten eines Blumenstreukindes, die unbeholfenen Bewegungen eines Trauzeugen oder die merkwürdigen Tanzschritte eines Gastes bei der Feier. Und wenn Sie Bilder ansehen, sind sicher einige Schnappschüsse dabei.

Denken Sie an kleine Missgeschicke und Schwierigkeiten mit der Kleidung zurück, die Ihnen damals wie riesige Probleme vorkamen. Plaudern Sie ein bisschen aus dem Nähkästchen und erzählen Sie Anekdoten, die Sie bisher noch nicht geteilt haben. Sprechen Sie über die Gefühle, die Sie an jenem großen Tag bewegt haben. An welchem Punkt war die Nervosität oder die Begeisterung am größten? Wenn Sie den Abend Ihrer ersten Zeit als Paar widmen, gibt es bestimmt ebenfalls so einiges Spannende zu berichten.

Feiern Sie Ihre schönsten Erinnerungen an jenen Tag bzw. jene Zeit. Reden Sie über die Dinge, über die Sie sich unnötig Sorgen gemacht haben. Was schien Ihnen damals furchtbar wichtig und stellte sich später als gar nicht so entscheidend heraus? Wenn Sie das Ganze wiederholen würden, mit der Erfahrung, die Sie heute haben, was würden Sie dann anders machen?

Die richtige Sprache sprechen

Wenn Lob und Anerkennung die wichtigste Liebessprache für Ihre/n Partner/in ist, dann sollten Sie jede Menge positive Bemerkungen machen, wenn er/sie auf der Bildfläche erscheint. Falls Sie Ihre Hochzeit Revue passieren lassen, erzählen Sie, wie glücklich Sie waren und wie Sie gestaunt haben, als Sie Ihre/n Partner/in kurz vor der Trauung das erste Mal erblickt haben. Wenn Sie Ihren Hochzeitsfilm schauen, möchten Sie manche Szenen vielleicht noch einmal zurückspulen, in denen Ihr/e Partner/in vorkommt, damit Sie ihn/sie ein zweites Mal bewundern können.

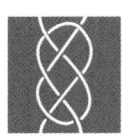

Den »Dritten im Bunde« miteinbeziehen

Lesen Sie gemeinsam Prediger 4,9-12:

»Zwei haben es besser als einer allein, denn zusammen können sie mehr erreichen. Stürzt einer von ihnen, dann hilft der andere ihm wieder auf die Beine. Doch wie schlecht steht es um den, der alleine ist, wenn er hinfällt! Niemand ist da, der ihm wieder aufhilft! Wenn zwei in der Kälte zusammenliegen, wärmt einer den anderen, doch wie soll einer allein warm werden? Einer kann leicht überwältigt werden, doch zwei sind dem Angriff gewachsen. Man sagt ja auch: ›Ein Seil aus drei Schnüren reißt nicht so schnell!‹«

Wenn Sie möchten, verwenden Sie die folgenden Fragen und die Denkanstöße in Klammern als Grundlage für Ihr Gespräch über diesen Bibeltext:

> Der »Dritte im Bunde« ist Gott; er ist die »dritte Schnur«, die das Seil viel strapazierfähiger macht. Welche Rolle spielt Gott in einer gesunden Ehe/Partnerschaft? (Er ist mit Mann und Frau zu einem einzigen Band verwoben. Das bedeutet, dass er in der Ehe in jeder Hinsicht gegenwärtig ist. Er gibt ihr Stabilität und dauerhaften Bestand.)

> Wie kann ein Paar durch die dritte Schnur Kraft von Gott bekommen? Wie kann es ihn in die Ehe/Partnerschaft miteinbeziehen? (Die beiden sehen ihre Beziehung mit seinen Augen. Sie leben nach den Grundsätzen seines Wortes. Sie machen seine Prioritäten zu ihren eigenen.)

> In welchen Bereichen Ihrer Beziehung brauchen Sie Gottes Kraft und Gegenwart ganz besonders? (Gottes Weisheit ist überall von Bedeutung, egal ob es um unsere Finanzen geht, unsere intime Beziehung oder um einen anderen Lebensbereich.)

Beten Sie gemeinsam. Danken Sie Gott für seine Gegenwart in Ihrer Beziehung. Danken Sie ihm auch für alle Widrigkeiten und Konflikte, die das Band zwischen Ihnen belasten, Ihnen aber auch gezeigt haben, dass dieses dadurch nicht zerrissen werden konnte.

Lesetipp

Andacht aus der *Bibel für Paare,* S. 80 b (»Partner des Bundes werden«)

6. Küsse über Küsse

Bestimmt sind Sie beide richtig gut im Küssen. Das stellt niemand infrage. Aber sind Sie auch *kreative* Küsser? Hier haben Sie die Gelegenheit, das herauszufinden. Die Aufgabe ist ganz einfach: Finden Sie die originellsten Orte und Möglichkeiten, Ihre/n Partner/in zu küssen, und dokumentieren Sie die Ergebnisse.

Das Tüpfelchen auf dem i

Sie können diese Aktion noch unvergesslicher gestalten, indem Sie andere als Fotografen um Hilfe bitten. Drücken Sie Ihren kreativsten Freunden und Familienmitgliedern die Kamera in die Hand. Sicher haben sie noch weitere Ideen für Kulissen, besondere Posen, die Beleuchtung und so weiter.

Bitten Sie Ihre Helfer, nicht nur Schnappschüsse zu machen, sondern auch Videoclips zu drehen. So können Sie eine Art Multimediapräsentation erstellen – ganz zu schweigen von GIF-Animationen und Memes.

Zum Ablauf

Das ist eine Paar-Aufgabe, die sich wirklich lohnt (immerhin dürfen Sie dabei Ihre/n Partner/in küssen, sooft Sie wollen!). Lassen Sie Ihrer Kreativität freien Lauf, suchen Sie nach interessanten Szenerien und Bildkompositionen. Vielleicht möchten Sie sich in Schale werfen oder sich verkleiden.

Eine Möglichkeit wäre auch, besonders denkwürdige Küsse aus der Vergangenheit zu wiederholen – Ihren ersten Kuss, den ungeschicktesten Kuss oder den Kuss bei der Trauung (wenn möglich, in ungefähr derselben Position vor dem Altar in der Kirche, in der Sie geheiratet haben). Oder vielleicht möchten Sie berühmte Küsse aus Film und Fernsehen nachstellen (einen besonderen Bonus gibt es für den Kopfüber-Kuss aus *Spiderman).*

Überlegen Sie sich am besten vorher, was sie mit den jeweiligen Fotos oder Videoclips später machen wollen, und passen Sie Ihr Shooting daran an.

 ## Die richtige Sprache sprechen

Sie können das Ganze auf einen noch höheren Level bringen, wenn die wichtigste Liebessprache Ihres Partners / Ihrer Partnerin die Hilfsbereitschaft ist. Nachdem Sie die Fotos aufgenommen haben, können Sie sie für ihn/sie auf verschiedene Weise bearbeiten. Erstellen Sie zum Beispiel eine Diashow. Oder verwenden Sie Ausschnitte aus Videos, um GIF-Animationen zu kreieren und diesen romantische oder lustige Titel zu geben. Laden Sie das ganze Album auf den Computer Ihres

Partners / Ihrer Partnerin, sodass er/sie die Lieblingsmotive in den sozialen Netzwerken posten kann.

Den »Dritten im Bunde« miteinbeziehen

Lesen Sie gemeinsam Hohelied 1,2-4:

»Komm und küss mich, küss mich immer wieder! Ich genieße deine Liebe mehr als den besten Wein. Der Duft deiner Salben betört mich. Dein Name ist wie ein besonderes Parfüm, darum lieben dich die Mädchen. Nimm mich bei der Hand! Schnell, lass uns laufen, bring mich zu dir nach Hause! Du bist mein König! Ich freue mich über dich, du bist mein ganzes Glück. Deine Liebe ist kostbarer als der edelste Wein. Kein Wunder, dass die Mädchen für dich schwärmen!«

Wenn Sie möchten, verwenden Sie die folgenden Fragen und die Denkanstöße in Klammern als Grundlage für Ihr Gespräch über diese Verse:

> Warum hat Gott Ihrer Meinung nach dafür gesorgt, dass sich solche Passagen in der Bibel befinden? (Er hat uns so geschaffen, dass wir wohltuende körperliche Erfahrungen genießen können. Dass unser/e Partner/in romantische Gefühle und erotisches Verlangen in uns weckt, entspricht Gottes Plan. Also ist es nur folgerichtig, wenn es Stellen in der Bibel gibt, in der genau das gefeiert wird.)

> Warum überrascht es manche Leute, solche Texte in der Bibel vorzufinden? (Sie gehen davon aus, dass die Bibel ein altes Gesetzbuch voller Verbote ist, die uns den

Spaß und das Vergnügen verderben sollen. In Wirklichkeit ist die Bibel aber Gottes Selbstoffenbarung. Sie zeigt uns, wer er ist und als wen er uns geschaffen hat. Es mag verwundern und vielleicht nicht zu den Vorurteilen passen, die manche Menschen über Christen haben, aber diese Bibelstellen machen deutlich, dass Gott uns als leidenschaftliche Wesen geschaffen hat. Er gab uns das sexuelle Verlangen und innerhalb des Rahmens, den er vorgegeben hat, ist dieses etwas Gutes.

› Wie würden Sie den Bibeltext umformulieren, um ihn genau auf Ihre/n Partner/in zuzuschneiden? Welche Worte würden Sie verwenden, um sein/ihr Aussehen zu beschreiben, seine/ihre Küsse oder die Anziehungskraft, die er/sie auf Sie ausübt? (Es liegt ganz bei Ihnen, welche Sprache und welche Bilder Sie hierfür verwenden; auf jeden Fall ist dies die Gelegenheit, sich richtig Mühe zu geben und etwas wirklich Romantisches zu verfassen.)

Beten Sie gemeinsam. Danken Sie Gott für all die attraktiven Eigenschaften Ihres Partners / Ihrer Partnerin – und dass er Sie so geschaffen hat, dass Sie diese zu schätzen wissen. Danken Sie ihm auch dafür, dass Sie beide physisch, seelisch, geistig und geistlich so gut zueinander passen. Bitten Sie ihn um seinen Segen, damit Sie weiterhin für all das Gute in Ihrer Beziehung dankbar bleiben und sich darüber freuen können.

Lesetipp

Andacht aus der *Bibel für Paare,* S. 760 b (»Liebende«)

7. Die einen lernen von den anderen

Welche Paare waren für Sie ein Vorbild, als Sie einander kennenlernten? Wer prägte Ihre Vorstellungen davon, wie eine gute Ehe/Partnerschaft aussehen sollte? Hier haben Sie die Chance, eine ähnliche Rolle im Leben eines jüngeren Paares zu übernehmen. Indem Sie auf Ihren gesammelten Erfahrungsschatz zurückgreifen, können Sie frisch Verliebten, die ihren gemeinsamen Weg gerade erst begonnen haben, Orientierung geben.

Das Tüpfelchen auf dem i

Sie können das Leben eines jüngeren Paares (oder eines Paares, das noch nicht so lange zusammen ist) auf positive Weise verändern, indem Sie eine dauerhafte Mentorenrolle übernehmen. Die Beziehung zwischen Ihnen und dem anderen Paar kann so geregelt oder frei gestaltet werden, wie Sie selbst und die beiden es wünschen. Sie könnten sich zum Beispiel einmal im Monat treffen, um den Kontakt zu halten, die Freundschaft zu vertiefen und Ermutigung und Hilfe anzubieten. Oder Sie beide stehen auf Abruf bereit, wenn Sie gebraucht werden, entweder, um einfach nur zuzuhören, oder, um Ratschläge zu geben.

Zum Ablauf

Schreiben Sie einem frisch verlobten Paar eine Karte mit lockeren, lustigen und hilfreichen Tipps für eine gelingende Ehe – natürlich kann es auch einfach ein frisch zusammengekommenes Paar sein, das am Beginn der gemeinsamen Reise steht. Hier sind viele Zugänge möglich, je nach der Situation und der Beziehung zwischen Ihnen und dem anderen Paar.

Sie können Dinge weitergeben, die Ihnen selbst geholfen haben, und auch besondere Hinweise für bestimmte Bereiche der Ehe/Beziehung. Vielleicht möchten Sie von Lektionen erzählen, die Sie auf die harte Tour gelernt haben – durch eigene Fehler oder vorgefasste Meinungen, die sich später als falsch herausstellten. Je offener und transparenter Sie selbst sind, desto mehr Überzeugungskraft werden Ihre Worte haben. Vermitteln Sie alles – auch Tiefpunkte und Enttäuschungen – in einem positiven Zusammenhang. Sie sollten Ihre/n Partner/in dabei niemals in ein negatives Licht rücken. Humorvolle Bemerkungen sind in Ordnung, solange die darunterliegende Botschaft die einer tiefen, beständigen Liebe zu Ihrem Partner / Ihrer Partnerin ist und Sie Ihre Dankbarkeit gegenüber Gott zum Ausdruck bringen, der Sie beide zusammengeführt hat.

Manchmal ist das Beste, was man für ein total verliebtes Paar tun kann, ihm den Hinweis zu geben, dass jede Beziehung/Ehe manchmal harte Arbeit bedeutet. Natürlich zahlt diese Mühe sich aus, aber es ist trotzdem anstrengend. Indem Sie das jüngere Paar daran erinnern, bereiten Sie die beiden nicht nur auf schwierige Zeiten vor, sondern machen ihnen auch deutlich, dass sie nichts »falsch« gemacht haben, wenn es Probleme gibt. Sie lernen nur gerade, miteinander zu leben, was für fast jedes Paar eine Herausforderung ist.

 ## Die richtige Sprache sprechen

Während Sie darüber nachdenken, welche guten Ratschläge Sie weitergeben könnten, können Sie zugleich etwas für Ihre/n Partner/in tun, wenn dessen/deren Muttersprache der Liebe Geschenke sind. Wie wäre es, wenn Sie ein Wandschild oder eine Tafel mit einem wichtigen Motto für Ihre Ehe/Partnerschaft bestellen? Denken Sie dabei an einen Satz oder einen Spruch, der Ihre Beziehung beschreibt, und lassen Sie diesen nach dem Geschmack Ihres Partners / Ihrer Partnerin gestalten.

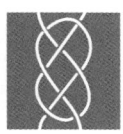 ## Den »Dritten im Bunde« miteinbeziehen

Lesen Sie gemeinsam Psalm 145,4:

»Eine Generation soll der anderen von deinen Taten erzählen und schildern, wie machtvoll du eingegriffen hast.«

Lesen Sie auch die Anweisungen, die Paulus in Titus 2,3-5 den älteren Frauen in der Gemeinde gegeben hat, sowie die Hinweise von Petrus an die Gemeindeältesten in 1. Petrus 5,1-5.

Wenn Sie möchten, verwenden Sie die folgenden Fragen und die Denkanstöße in Klammern als Grundlage für Ihr Gespräch über diese Bibeltexte:

- ➤ Wer kann ein/e Mentor/in sein? (Es ist nicht in erster Linie eine Frage des Alters. Jeder, der wichtige Erfahrungen gesammelt und geistliche Einsichten gewonnen hat, kann diese an andere weitergeben.)
- ➤ Welche Mentoren hat Gott in Ihr Leben geführt? Denken Sie dabei besonders an Menschen, die für Ihre Ehe / Ihre Beziehung wichtig waren. (Viele Mentoren prägen andere durch ihr Vorbild. Sie reden nicht unbedingt über das, was sie richtig machen – sie tun es einfach. Denken Sie zum Beispiel an die Ehe Ihrer Eltern – oder die Ihrer Großeltern oder der Eltern Ihrer besten Freunde. Was haben Sie von ihnen für Ihre eigene Ehe/Partnerschaft gelernt?)

Beten Sie gemeinsam. Danken Sie Gott für die Mentoren, die er in Ihr Leben geführt hat. Bitten Sie ihn um Weisheit, Mitgefühl und Mut, um selbst anderen Menschen als Mentoren zu dienen.

Lesetipp

Andacht aus der *Bibel für Paare,* S. 406 a (»Guter Rat ist nicht teuer«)

8. Ganz schön sandig!

Sand wird für vieles benutzt: als Zeitmesser, zur Glasproduktion, zum Schutz gegen Hochwasser und um Öl aufzusaugen. Aber eine ganz andere nützliche Anwendung wird oft übersehen: Sand kann nämlich auch das Thema für ein entspanntes Date mit Ihrem Partner / Ihrer Partnerin sein. Planen Sie doch einmal einen Tag, an dem sich alles um Sand dreht.

Das Tüpfelchen auf dem i

Am naheliegendsten ist es hier natürlich, wenn möglich an den Strand zu fahren. Da es bei den hier vorgeschlagenen Aktivitäten hauptsächlich um Sand geht, müssen Sie sich über die Wassertemperatur keine Gedanken machen. Einen Sandtag kann man zu jeder Jahreszeit einlegen, wenn das Wetter es zulässt.

Zum Ablauf

Bei einem Sandtag sind der Fantasie keine Grenzen gesetzt.

Sie können zum Beispiel im Garten eine Kiste mit Sand füllen, Ihre Liegestühle davorstellen und die Füße in den Sand stecken, während Sie lesen und ein erfrischendes Getränk genießen. Oder noch besser: Sie bauen eine Sandburg! Vielleicht haben Sie sogar Muße, sich an Sandkunst zu versuchen (Sie können im Hobbygeschäft oder im Internet nach Anleitungen schauen). Eine andere Möglichkeit wäre, sich eine Ausstellung mit Glaskunst anzuschauen. (Immerhin wird Sand auch zur Herstellung von Glas verwendet.)

Halten Sie sich vor Augen, wie störend Sandkörner sein können, wenn sie zum Beispiel in die Schuhe oder die Badebekleidung geraten. In einer Muschel dagegen können sie etwas sehr Schönes und Wertvolles hervorbringen. Wenn ein Sandkorn hineingerät, sondert die Muschel eine Flüssigkeit ab, mit der sie es Schicht um Schicht einhüllt. Diese Substanz wird Perlmutt genannt. Am Ende entsteht daraus eine Perle.

Dieser Vorgang kann als Bild für die Ehe bzw. eine Partnerschaft dienen. Wenn etwas Störendes in unsere Beziehung hineingerät, ist das zunächst sehr unangenehm. Umgeben wir dieses Störende jedoch mit Liebe, Geduld, Verständnis und Gnade, dann lassen wir dadurch etwas Schönes, Beständiges und Kostbares entstehen. Wir lernen, im harmonischen Einklang miteinander zu leben.

 ## Die richtige Sprache sprechen

Eine dekorative Sanduhr kann ein schönes Andenken an Ihr Sanddate sein – und lässt das Herz von jemandem, dessen

Muttersprache der Liebe Geschenke sind, sicher höherschlagen. Natürlich gibt es auch noch andere Möglichkeiten, ihm/ihr eine »sandige« Freude zu machen, zum Beispiel in Form eines Sandbildes oder einfach durch eine in den Sand geschriebene Liebesbotschaft.

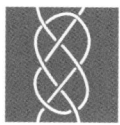

Den »Dritten im Bunde« miteinbeziehen

Lesen Sie gemeinsam diese drei Bibelstellen, die alle mit Sand zu tun haben:

- ➤ 1. Mose 22,17: »Ich werde dich überreich mit meinem Segen beschenken und dir so viele Nachkommen geben, wie es Sterne am Himmel und Sand am Meer gibt.«
- ➤ Matthäus 7,26: »Wer sich meine Worte nur anhört, aber nicht danach lebt, der ist so unvernünftig wie einer, der sein Haus auf Sand baut.«
- ➤ Psalm 139,17-18: »Wie überwältigend sind deine Gedanken für mich, o Gott, es sind so unfassbar viele! Sie sind zahlreicher als der Sand am Meer; wollte ich sie alle zählen, ich käme nie zum Ende!«

Wenn Sie möchten, verwenden Sie die folgenden Fragen und die Denkanstöße in Klammern als Grundlage für Ihr Gespräch über diese Bibelverse:

- ➤ Schauen Sie sich den Vers aus 1. Mose 22 noch einmal genauer an. Inwiefern ist der Sand ein Bild für Gottes Treue und seine Verheißungen? (Gott versprach Abraham, dass seine Nachkommen so zahlreich sein würden wie die Sandkörner am Meeresstrand. Doch erst als

Abraham schon hundert Jahre alt war, begann Gott mit der Erfüllung dieses Versprechens.)

> Welchen Trost und welche Ermutigung können wir daraus mitnehmen? (Hindernisse, die uns unüberwindlich erscheinen, wie zum Beispiel Abrahams Alter, sind für Gott nicht der Rede wert. Nichts kann ihn aufhalten oder verhindern, dass sein Wille geschieht.)

Lesen Sie noch einmal die Stelle aus dem Matthäusevangelium. Was passierte, nachdem der törichte Mann sein Haus auf Sand gebaut hatte? (Das Fundament des Hauses war nicht stabil genug, um Stürmen standzuhalten.)

> Worauf bauen Menschen ihr Leben, wenn Jesus nicht ihr Fundament ist? (Manche bauen ihr Leben auf Vergnügen und Freiheit – sie tun, was sie wollen, wann sie es wollen. Andere versuchen ihr Leben auf falsche Philosophien und Religionen zu gründen.)
> Die beiden Verse aus Psalm 139 zeigen uns, dass die Hinweise auf Gottes Weisheit in dieser Welt zahlreicher sind als alle Sandkörner, die es gibt. Warum ist es für uns so wichtig, Gottes Weisheit zu erkennen und zu bejahen? (Je öfter wir Gottes Weisheit wertschätzend wahrnehmen, desto eher werden wir uns in Zeiten der Not an ihn wenden.)

Beten Sie miteinander. Danken Sie Gott dafür, dass er treu zu seinen Versprechen steht und dass es so viele Hinweise auf seine Weisheit gibt. Bitten Sie ihn, Ihnen dabei zu helfen, sicherzustellen, dass das Fundament Ihres Lebens auf festen Grund gebaut ist.

Lesetipp

Andacht aus der *Bibel für Paare,* S. 1124 a (»Vom Umgang mit unseren Eltern«)

9. So viel zu entscheiden

Hier kommt die Antwort auf das jahrhundertealte Dilemma schwieriger Entscheidungsfindungen, das sich in Sätzen äußert wie: »Keine Ahnung, was möchtest *du* denn gern machen?« Überraschen Sie Ihre/n Partner/in, indem Sie eine Unternehmung (für drinnen oder draußen) planen und dafür im Voraus alle Entscheidungen treffen. Ihr/e Partner/in kann sich entspannt zurücklehnen, während Sie sich um alle Details kümmern.

Das Tüpfelchen auf dem i

Der Erfolg dieser Aktion hängt davon ab, wie gut Sie Entscheidungen treffen und Pläne schmieden können, die Ihr/e Partner/in gut findet. Damit dieser Tag zu einem besonderen Erlebnis wird, ist ein gewisses Maß an Vorausplanung nötig. Die beste Strategie besteht darin, Ihrem Partner / Ihrer Partnerin gut zuzuhören und sich Notizen zu machen, wenn er/sie beiläufige Bemerkungen macht wie zum Beispiel: »Ich kann es kaum erwarten, diesen Film im Kino zu sehen«, »Ich könnte mal eine Massage brauchen«, »Wir waren schon ewig nicht mehr wandern« oder »Die Nachbarn haben gesagt, in dem neuen Restaurant seien die Meeresfrüchte besonders gut.« Sollte Ihr/e Partner/in in dieser Hinsicht nicht besonders mitteilungsfreudig sein, dann müssen Sie vielleicht durch ein paar Fragen unauffällig nachbohren.

Zum Ablauf

Bei der Umsetzung haben Sie viele Optionen. Wenn Sie zusammen ausgehen, können Sie alles im Voraus festlegen – die Abfahrtszeit; den Dresscode; die Musik, die Sie im Auto hören; ja, sogar die Gesprächsthemen beim Abendessen. Wenn Sie zu Hause bleiben, planen Sie vielleicht, was gegessen wird, welchen Film Sie als Familie gemeinsam anschauen oder welches Buch Sie den Kindern vor dem Zubettgehen vorlesen.

Wichtig ist nur, dass alles, was Sie tun, hilfreich ist und nicht übergestülpt wirkt. Sie möchten ja, dass Ihr/e Partner/in sich entspannen kann, weil ihm/ihr die Last der Entscheidungsfindung für eine Weile abgenommen wird.

Unterhalten Sie sich doch mal darüber, wie schön es ist, wenn man einmal keine Entscheidungen treffen muss, nicht die Verantwortung trägt und es einfach zulassen kann, dass jemand anders alles schultert.

 ## Die richtige Sprache sprechen

Wenn Hilfsbereitschaft die wichtigste Liebessprache Ihres Partners / Ihrer Partnerin ist, dann treffen Sie mit dieser Idee bestimmt ins Schwarze. Sie können ihm/ihr Ihre Liebe zeigen, indem Sie das Ganze öfter mal wiederholen. Suchen Sie jede Woche (oder, wenn Sie besonders ehrgeizig sind, jeden Tag) nach einer Gelegenheit, bei der Sie Ihrem Partner / Ihrer Partnerin die Last der Entscheidungsfindung abnehmen können. Das kann alles Mögliche betreffen, zum Beispiel die Planung und Vorbereitung des Abendessens oder die Organisation einer Fahrgemeinschaft.

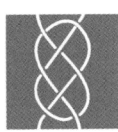

Den »Dritten im Bunde« miteinbeziehen

Lesen Sie gemeinsam Galater 6,2:

»Jeder soll dem anderen helfen, seine Last zu tragen. Auf diese Weise erfüllt ihr das Gesetz, das Christus uns gegeben hat.«

Wenn Sie möchten, verwenden Sie die folgenden Fragen und die Denkanstöße in Klammern als Grundlage für Ihr Gespräch über diesen Bibelvers:

> › Wie können wir einander in der Ehe/Partnerschaft helfen, unsere Lasten zu tragen? (Wir teilen das Gute und das Schlechte miteinander, das in unserem Leben geschieht. Wir gönnen einander einen Abend frei von familiären und sonstigen Verpflichtungen.)
> › Was geschieht, wenn die Lasten ungleich verteilt sind? (Wenn eine Person alles Schwere in einer Beziehung tragen muss, kann das zu Erschöpfung führen – wenn nicht körperlich, dann emotional und psychisch. Im Lauf der Zeit wächst dann der Ärger.)
> › Woher weiß ich, wann es Zeit ist, eine Last zu tragen,

und wann ich sie meinen Partner / meine Partnerin tragen lassen sollte? (Natürlich lautet die Antwort hier, dass wir miteinander reden müssen. Obwohl eine offene Kommunikation hier ideal wäre, fällt es manchen Menschen schwer, über ihre Probleme und Bedürfnisse zu sprechen. Darum ist es wichtig, einander zugewandt zu bleiben, damit wir die Stimmung, die Verfassung und die stillen Kämpfe unseres Partners / unserer Partnerin wahrnehmen.)

> Nennen Sie eine Last, die Ihr/e Partner/in Ihnen abnehmen könnte. (Das kann etwas ganz Einfaches sein wie zum Beispiel, dass er/sie Ihnen einen freien Abend schenkt und das Essen kocht, oder etwas Langfristiges wie ein fester Zeitpunkt jeden Abend, an dem Sie beide sich über Ihre Probleme und Bedürfnisse austauschen.)

Beten Sie gemeinsam. Danken Sie Gott für seine Weisheit und Barmherzigkeit; dass er die Ehe/Partnerschaft als eine Beziehung gestiftet hat, in der zwei Menschen ihre Lasten gegenseitig tragen. Danken Sie ihm für Ihre/n Partner/in und dafür, dass er/sie Ihnen hilft, die vielfältigen Herausforderungen des Lebens zu bewältigen. Bitten Sie ihn um Weisheit, damit Sie gegenseitig Ihre Bedürfnisse erkennen, und um den Mut, es einander sagen zu können, wenn einer von Ihnen die Hilfe des anderen braucht.

Lesetipp

Andacht aus der *Bibel für Paare,* S. 1342 a (»Die Last des anderen mittragen«)

10. Ein Ausflug zum Wochenmarkt

Dieses Ausflugsziel scheint auf den ersten Blick vielleicht ein wenig alltäglich, aber die Herausforderung, die es bietet, kann viel Spaß machen. Und so geht's: Sie besuchen den Wochenmarkt vor dem Frühstück und nehmen den ganzen Tag über nur das Essen zu sich, das Sie dort besorgt haben.

Das Tüpfelchen auf dem i

Natürlich wollen Sie bei dieser Unternehmung nicht daran scheitern, dass es auf dem Wochenmarkt, den sie aufsuchen, vieles nicht gibt. Deshalb sollten Sie sich vorbereiten und sich die Märkte in Ihrer Umgebung vorher anschauen, um sicherzugehen, dass man dort alles kaufen kann, was Sie für den ganzen Tag brauchen. Wenn sich dabei herausstellt, dass Sie zwei oder mehr Märkte besuchen müssen, sollten Sie entsprechend viel Zeit einplanen. Stellen Sie sicher, dass Sie auch wirklich alles haben, wenn Sie den letzten Markt verlassen.

Zum Ablauf

Genießen Sie es, die gemeinsamen Mahlzeiten zu planen und dafür einzukaufen. Überlegen Sie genau, wonach Sie Ausschau halten wollen. Vielleicht möchten Sie zum Beispiel ein paar neue Delikatessen probieren. Aber auch dann ist es sicher klug, diese durch Dinge zu ergänzen, die Sie kennen und die sich bereits bewährt haben. Sie können die Idee so weit ausdehnen, wie Sie möchten. Wenn Sie es ganz genau nehmen wollen, können Sie vereinbaren, keine Ausnahme zu machen und wirklich alles *ausschließlich* vom Markt zu holen, auch Gewürze und Soßen.

Während Sie miteinander unterwegs sind, könnten Sie darüber sprechen, wie es wäre, wenn Sie Ihr Essen *jeden Tag* komplett selbst besorgen müssten, weil Sie nichts im Kühlschrank oder im Vorratsraum hätten, auf das Sie zurückgreifen könnten. Überlegen Sie, vor welchen Herausforderungen wohnungslose Menschen stehen oder Personen, die sich selbst oder ihre Familie nicht ernähren können.

Sie könnten sich auch online über »Subsistenzwirtschaft« informieren, um mehr über diejenigen herauszufinden, die alles, was sie zum Leben brauchen, selbst anbauen müssen. Stellen Sie sich vor, unter welchem Druck Menschen stehen, die vom Wetter, den Bodenbedingungen oder von anderen Faktoren abhängig sind, die sie nicht beeinflussen können.

 ## Die richtige Sprache sprechen

Wenn Hilfsbereitschaft die wichtigste Liebessprache Ihres Partners / Ihrer Partnerin ist, dann sollten Sie sich vor Ihrem Marktbesuch darüber Gedanken machen. Suchen Sie sich im Voraus ein Rezept für eine Mahlzeit (oder ein ganzes Menü) aus, das Ihrem Partner / Ihrer Partnerin gut schmecken würde. Stellen Sie sicher, dass Sie alle Zutaten dafür auf dem Markt bekommen. Kaufen Sie gemeinsam ein, was Sie brauchen, und übernehmen Sie dann das Kochen, damit Ihr/e Partner/in sich entspannen kann.

Den »Dritten im Bunde« miteinbeziehen

Lesen Sie gemeinsam 2. Mose 16. Hier wird erzählt, wie die Israeliten durch die Wüste zogen, nachdem Gott sie durch Mose aus der Sklaverei in Ägypten befreit hatte. Ihr Glaube war schwach. Obwohl Gott ihnen immer wieder seine Macht und seine wunderbare Fürsorge erwiesen hatte, gerieten sie in Panik und fragten sich, wo sie an einem so trostlosen Ort etwas zu essen finden würden. Und wieder antwortete Gott ihnen mit einem Wunder.

Wenn Sie möchten, verwenden Sie die folgenden Fragen und die Denkanstöße in Klammern als Grundlage für Ihr Gespräch über diesen Bibeltext:

> In 4. Mose 11,4-10 lesen wir, wie die Israeliten anfingen, sich über das Manna zu beklagen. Was bringt Menschen dazu, mit dem, was Gott ihnen schenkt, unzufrieden zu werden? (Wir glauben, dass Gott uns etwas »schuldig« ist. Wenn wir nicht immer wieder neu Ehrfurcht und Dankbarkeit darüber empfinden, dass der Schöpfer des Universums für unsere Bedürfnisse sorgt, fangen wir an, seine Fürsorge für selbstverständlich zu halten.)

> Denken Sie, dass die meisten Menschen es wirklich zu schätzen wissen, dass Gott für sie sorgt? Erläutern Sie Ihre Gedanken. (Wir neigen dazu, uns mit Leuten zu vergleichen, die mehr besitzen als wir, und uns zu fragen, warum Gott uns nicht auch mit dem segnet, was sie haben.)

> Wie können wir auf lange Sicht aufrichtig dankbar bleiben für das, was Gott uns schenkt? (Wenn wir unsere Blickrichtung ändern – uns mit Menschen vergleichen, die *weniger* haben als wir –, kann uns das die Augen öffnen und unsere innere Einstellung verändern. Unsere Aufmerksamkeit richtet sich dann auf Menschen, die in Not sind.)

Beten Sie gemeinsam. Danken Sie Gott für seine Großzügigkeit und seine Fürsorge in Ihrem Leben. Bitten Sie ihn, dass er Ihnen hilft, diese zu erkennen und immer wieder neu dankbar und bescheiden zu sein.

Lesetipp

Andacht aus der *Bibel für Paare,* S. 1418 a (»Er sorgt für uns«)

11. Gemeinsam abhängen

Was könnte entspannender sein als ein Nachmittag, den Sie in einer lauen Brise schaukelnd gemeinsam als Paar verbringen, dabei ein gutes Buch in einer herrlichen Umgebung genießen und vielleicht sogar ein kleines Nickerchen machen? Alles, was Sie dazu brauchen, sind zwei Hängematten, vier Bäume und etwas Gleichgewichtsgefühl.

Das Tüpfelchen auf dem i

Um die Vorbereitungen vor Ort auf ein Minimum zu begrenzen und die Entspannungszeit auf ein Höchstmaß auszudehnen, sollten Sie vorher ein paar Trockenübungen machen. Suchen Sie sich ein lauschiges Plätzchen aus, das genau die Eigenschaften bietet, die Sie fürs gemeinsame Abhängen brauchen: Bäume, die dicht genug beieinanderstehen, damit Sie es sich Seite an Seite gemütlich machen können. Falls Sie noch nicht viel Erfahrung mit Hängematten haben, probieren Sie es vorab lieber einmal, die Hängematten sicher an den Bäumen zu befestigen und wieder abzunehmen.

Zum Ablauf

Wenn Sie noch keine Hängematten haben, werden Sie merken, dass die gar nicht so teuer sind – oder man sie sogar umsonst haben kann, wenn man sich welche ausleiht. Sicherlich gibt es in ihrem Freundes- und Bekanntenkreis zwei Leute, die eine Hängematte besitzen. Das Schöne an diesen Dingern ist, dass man sie an vielen schönen Orten aufhängen kann, vom eigenen Garten (sofern dort Bäume stehen) bis zum nahe gelegenen Wald oder Park. Was den Standort angeht, haben Sie also eine große Auswahl.

Auch für den Aufenthalt *in* der Hängematte gibt es verschiedene Optionen: Sie können lesen, Musik hören, sich unterhalten, die Landschaft und die Klänge der Natur genießen oder schlafen. Was aber am wichtigsten ist: Sie verbringen Zeit miteinander und erholen sich in der Stille und Schönheit Ihrer Umgebung.

Damit Sie es gemütlich haben und es keine unangenehmen Folgen gibt, sollten Sie sich mit Kissen, Sonnencreme und Mückenspray ausrüsten.

 ## Die richtige Sprache sprechen

Sie können die Zeit in der Hängematte für Ihre/n Partner/in zusätzlich zu etwas ganz Besonderem machen, wenn seine/ihre Muttersprache der Liebe Geschenke sind. Hinterlassen Sie, nachdem Sie die Hängematten angebracht haben, ein paar Geschenke auf der Hängematte Ihres Partners / Ihrer Partnerin, zum Beispiel ein Buch, in das er/sie sich vertiefen kann. Oder ein Gerät zum Abspielen von Musik, auf dem

Sie eine Playlist zusammengestellt haben. Der Soundtrack für Ihr Hängematten-Erlebnis sollte möglichst entspannend sein. Über eine Flasche Wasser und einen Snack würde sich Ihr/e Partner/in bestimmt auch freuen.

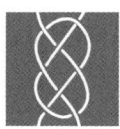

Den »Dritten im Bunde« miteinbeziehen

Lesen Sie miteinander Psalm 46,11:

»Seid stille und erkennet, dass ich Gott bin!«

Wenn Sie möchten, verwenden Sie die folgenden Fragen und die Denkanstöße in Klammern als Grundlage für Ihr Gespräch über diesen Bibelvers:

> - Um welche Art von Stille geht es in diesem Vers? (Es ist die Ruhe inmitten des Chaos. Lesen Sie den ganzen Psalm 46. In Vers 11 geht es um weit mehr als die tägliche stille Zeit des Gebets, obwohl wir diese natürlich auch brauchen. Der Psalm sagt uns, dass mitten im Undenkbaren Gott unsere Zuflucht und Stärke ist, ein Helfer in Zeiten der Not [wie es in Vers 2 heißt].)
> - Welche Situationen gab oder gibt es in Ihrem Leben, in denen Sie unbedingt in Gottes Stille Ruhe finden und ihm als Ihre Zuflucht und Stärke vertrauen mussten bzw. müssen? (Das Chaos kann jederzeit über uns hereinbrechen. Das erinnert uns daran, dass wir unsere Lebensumstände nicht in der Hand haben. Der Verlust des Arbeitsplatzes, eine Scheidung oder der Tod eines geliebten Menschen sind Beispiele für Ereignisse, die uns ins Chaos stürzen können.)

> Wie kann es Ihnen gelingen, immer in Gottes Stille zu ruhen und auf ihn zu schauen? (Am einfachsten geht das, wenn Sie im Beten und Hören täglich das Gespräch mit Gott suchen. Reservieren Sie regelmäßige Zeiträume, in denen Sie intensiv und erwartungsvoll hinhören, bevor oder nachdem Sie ihm Ihre Anbetung, Ihr Sündenbekenntnis, Ihren Dank und Ihre Fürbitte gebracht haben. So wie ein Athlet sich auf den Wettkampf vorbereitet, können Sie es trainieren, in Gottes Kraft zu ruhen. Dann werden Sie gut ausgerüstet sein und Ihren Blick auch dann weiter auf Gott richten können, wenn das Chaos kommt.)

Beten Sie gemeinsam. Danken Sie Gott für seine Vollkommenheit – sein unendliches und ewiges Dasein, durch das er weder Anfang noch Ende hat; sein unveränderliches Wesen; seine Selbstgenügsamkeit, durch die er keine Bedürfnisse hat wie die, mit denen wir leben; seine Allmacht, durch die er alles vermag; seine Allwissenheit, durch die er alles weiß und kennt; seine Allgegenwart, durch die er überall ist; seine Weisheit; seine Treue; seine Güte; seine Gerechtigkeit; seine Barmherzigkeit; seine Gnade; seine Liebe; seine Heiligkeit und seine Herrlichkeit. Bitten Sie ihn darum, dass er Sie durch den Heiligen Geist täglich daran erinnert, »stille« zu sein, damit Sie nie vergessen, dass er Gott ist.

Lesetipp

Andacht aus der *Bibel für Paare,* S. 508 a (»Wenn wir nur beten würden!«)

12. Eine Indoor-Radtour

Diese Aktion gibt Ihnen die Gelegenheit, eine schöne Tour zu unternehmen, ein kleines Work-out zu betreiben und sich dabei angeregt mit Ihrem Partner / Ihrer Partnerin zu unterhalten – und all das ganz bequem von zu Hause aus. Alles, was Sie dazu brauchen, sind zwei Indoor-Fahrräder oder Fitnessgeräte mit Pedalen, ein Video von einem Reisebericht und genug Fantasie, um sich vorzustellen, Sie wären irgendwo unterwegs.

Das Tüpfelchen auf dem i

Sie können aus dem Ganzen ein Erlebnis für die Sinne machen, sodass es Ihnen so vorkommt, als wären Sie in einem fernen Land unterwegs. Stellen Sie zum Beispiel einen Heizlüfter in der Nähe auf, um ein warmes Klima zu simulieren. Oder Sie lassen durch einen Ventilator eine sanfte Brise wehen – vielleicht auch einen starken Gegenwind. Halten Sie Wasserflaschen, Proteinriegel und anderen Proviant in kleinen Rucksäcken bereit. Helme sind optional.

Zum Ablauf

Einen Indoor-Trip können Sie sehr unterschiedlich gestalten, je nachdem, wie viel Platz Sie haben. So können Sie zum Beispiel Rollenständer für Ihre echten Fahrräder verwenden, einfache Hometrainer oder Indoor-Liegefahrräder. Sie können sich auch auf Stühle setzen und Pedalgeräte unter den Tisch stellen. Wenn Sie die nötige Ausrüstung nicht besitzen und sie nicht anschaffen wollen, leihen Sie diese doch einfach von fahrradbegeisterten Freunden aus.

Online finden Sie zahlreiche virtuelle Fahrradtouren. Wenn Sie dies als Suchbegriff eingeben, erhalten Sie viele Angebote, manche schön und gemütlich, andere eher herausfordernd. Wählen Sie aus, was für Ihre Zwecke am besten geeignet ist. Wenn Sie einen Beamer haben, können Sie das Bild an die Wand projizieren, um den Eindruck zu erwecken, dass Sie sich tatsächlich dort befinden.

Falls Sie es gern besonders sportlich mögen, können Sie statt der virtuellen Radtouren auch Filme verwenden, bei denen es um Radrennen geht, zum Beispiel *Vier irre Typen* oder *Die Sieger – American Flyers*. Wenn die Personen auf dem Bildschirm hart in die Pedale treten, dann tun Sie es auch. Und wenn sie eine Pause machen, entspannen Sie sich ebenfalls.

 ## Die richtige Sprache sprechen

Da die Unfallgefahr beim Indoor-Biken relativ gering ist, Sie keine Verkehrsregeln beachten oder das Lenkrad festhalten müssen, können Sie sich an den Händen halten, während Sie in die Pedale treten. Das ist besonders dann angesagt, wenn die wichtigste Liebessprache Ihres Partners / Ihrer Partnerin Zärtlichkeit ist.

Den »Dritten im Bunde« miteinbeziehen

Lesen Sie gemeinsam 1. Timotheus 4,8:

»Sich körperlich anzustrengen und Verzicht zu üben ist ganz gut und schön, aber auf Gott zu hören ist besser. Denn damit werden wir dieses und das zukünftige Leben gewinnen.«

Wenn Sie möchten, verwenden Sie die folgenden Fragen und die Denkanstöße in Klammern als Grundlage für Ihr Gespräch über diesen Bibelvers:

> - Was bedeutet es, »auf Gott zu hören«? (Es ist das bewusste Bemühen, das eigene Leben nach dem Vorbild Christi zu gestalten – das zu lieben, was er liebt; sich dem zu widersetzen, was er nicht will; den Dingen, die ihm wichtig sind, die oberste Priorität einzuräumen und mit anderen Menschen so umzugehen, dass sich sein liebevoller Charakter darin widerspiegelt.)
> - Warum ist das so viel besser als körperliche Anstrengung und Verzicht? (Das körperliche Training ist wichtig für die Gesundheit, aber es ist nur vorübergehend von Nutzen. Wenn wir auf Gott hören, so bringt uns das ewigen Gewinn.)
> - Warum ist es in diesem Leben so wichtig, auf Gott zu hören? (Es befähigt uns, in jedem Bereich Entscheidungen zu treffen, die Gott ehren. Es trägt dazu bei,

dass wir uns in Übereinstimmung mit seinem Willen befinden.)

> Warum ist es auch über dieses Leben hinaus wichtig? (Gottes Wort leitet uns dazu an, schon hier auf der Erde an seinem Reich mitzubauen.)

> Wie können wir uns darin üben, auf Gott zu hören? (Indem wir aufmerksam in der Bibel lesen, um herauszufinden, wie Gott ist, was er für wichtig hält und was er von uns Menschen erwartet. Wir kommunizieren intensiv mit ihm durch unsere Gebete. Wir erweisen uns in den kleinen Dingen als treu, damit er uns auch Größeres anvertrauen kann.)

Beten sie miteinander. Danken Sie Gott für Ihre Gesundheit – und dafür, dass Sie ihm mit dem, was Sie mit Ihrem Körper tun, Lob und Ehre bringen können. Bitten Sie ihn, dass er Ihnen dabei hilft, in jedem Bereich Ihres Lebens auf ihn zu hören, damit Sie nicht nur körperlich fit bleiben.

Lesetipp

Andacht aus der *Bibel für Paare,* S. 1188 b (»Geistliches Wachstum«)

13. Sammelleidenschaft

Diese Aktivität ist besonders geeignet für Leute, die etwas sammeln. Wenn Sie oder Ihr/e Partner/in stolze Besitzer einer Sammlung sind – seien es Comics, Briefmarken, Münzen, Puppen, Antiquitäten, Schallplatten oder etwas anderes –, dann verbringen Sie doch einmal eine intensive gemeinsame Zeit mit diesen Dingen. Der Gedanke dabei ist, dass der Sammler über seine Leidenschaft sprechen kann und der andere daran Anteil nimmt.

Das Tüpfelchen auf dem i

Wenn die Sammlung, die Sie besitzen, besonders wertvoll ist, könnten Sie diese von einem Experten begutachten lassen. Fragen Sie andere Sammler, ob diese Ihnen jemanden Seriöses empfehlen können, oder suchen Sie im Internet. Wenn die Sammlung zu umfangreich oder es zu kompliziert ist, diese im Ganzen schätzen zu lassen, wählen Sie nur die wertvollsten Stücke aus. Sollte es Ihnen zu aufwendig oder zu teuer sein, einen Gutachter zu sich ins Haus zu holen, können Sie auch selbst online Informationen sammeln und eine Schätzung vornehmen.

Selbst wenn Sie nicht die Absicht haben, Ihre Sammlung zu verkaufen, kann es hilfreich sein, deren ungefähren Wert zu kennen, damit sie richtig versichert werden kann.

Zum Ablauf

Je nachdem, um welche Gegenstände es sich handelt, könnten Sie diese zum Beispiel neu ordnen und einzelne Stücke säubern. Vielleicht haben Sie eine Idee, wie Sie sie anders aufbewahren oder präsentieren möchten. Sie können auch eine digitale Datenbank anlegen, in der Sie jedes Stück verzeichnen, damit Sie jederzeit auf eine Übersicht zurückgreifen können. Besuchen Sie einschlägige Internetseiten, um weitere Informationen zu Ihren Sammelobjekten zu erhalten. Stellen Sie sicher, dass die wertvollsten Stücke angemessen geschützt sind. Gemeinsam mit Ihrem Partner / Ihrer Partnerin könnten Sie eine Wunschliste erstellen, auf der Freunde und Familienmitglieder die eine oder andere Idee für ein Geburtstags- oder Weihnachtsgeschenk finden können.

Es geht nicht darum, dass Sie wirklich alles schaffen, was hier vorgeschlagen wird. In erster Linie soll vor allem der Partner des Sammlers die Gelegenheit bekommen, dessen Begeisterung besser verstehen zu lernen.

 ## Die richtige Sprache sprechen

Diese Aktivität kommt besonders denjenigen Sammlern entgegen, deren wichtigste Liebessprache die Zweisamkeit ist. Sie können sie sprechen, indem Sie sich für das Hobby Ihres Partners / Ihrer Partnerin aufrichtig interessieren. Stellen Sie Fragen. Finden Sie heraus, welches Objekt das wertvollste ist, welches er/sie als Erstes erworben hat und mit welchen Gegenständen sentimentale Werte verbunden sind. Sprechen Sie darüber, was die Sammlung Ihrem Partner / Ihrer Partnerin bedeutet und welchen Gewinn sie ihm/ihr bringt. Ermutigen Sie Ihre/n Partner/in, die Sammelleidenschaft mit Ihnen zu teilen, während Sie gemeinsam Zeit verbringen.

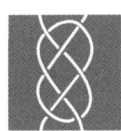 ## Den »Dritten im Bunde« miteinbeziehen

Lesen Sie gemeinsam 1. Korinther 10,23:

»Ihr lebt nach dem Grundsatz: ›Alles ist erlaubt!‹ Ich antworte darauf: Aber nicht alles, was erlaubt ist, ist auch gut. Alles ist erlaubt, aber nicht alles baut die Gemeinde auf.«

Wenn Sie möchten, verwenden Sie die folgenden Fragen und die Denkanstöße in Klammern als Grundlage für Ihr Gespräch über diesen Bibelvers:

> ⟩ Warum behaupteten zur Zeit von Paulus einige Christen, dass ihnen »alles erlaubt« sei? (Sie übten ihre christliche Freiheit aus, nämlich die Freiheit, die Gott

uns gegeben hat, individuelle Entscheidungen in unserem Leben mit Christus zu treffen.)

> »Alles ist erlaubt« bezog sich wahrscheinlich auch auf den Umgang mit Geld und Zeit. Welche Richtlinien hat Gott uns diesbezüglich gegeben? (Er möchte, dass wir unser Geld und unsere Zeit so einsetzen, dass wir damit Gutes und Aufbauendes bewirken.)

> Woher wissen wir, ob ein Hobby oder ein Zeitvertreib Gutes und Aufbauendes bewirkt? (Wenn es uns hilft, uns zu entspannen und uns von alltäglichen Problemen und Stress abzulenken, ist das eine gute Sache. Wenn es auch unserem Partner / unserer Partnerin guttut, ist es allerdings noch viel besser.)

> Wann überschreitet ein Hobby oder ein Zeitvertreib die Grenze zum Schädlichen und Zerstörerischen? (Wenn es uns die Zeit nimmt, die wir mit Gott oder mit unserer Familie verbringen könnten – oder wenn es zu viel unserer Aufmerksamkeit und Ressourcen verschlingt –, dann ist es kontraproduktiv.)

Lesetipp

Andacht aus der *Bibel für Paare,* S. 1400 b (»Verständnisvoll zuhören«)

14. Der Auftakt einer neuen Freundschaft

Laden Sie einen älteren Menschen zum Essen mit Ihnen beiden ein, zum Beispiel einen Witwer oder eine Witwe oder jemand anderen, der einsam ist und sich über Gesellschaft freuen würde. Lernen Sie einander bei einer schönen gemeinsamen Mahlzeit kennen und überlegen Sie, ob Sie nicht eine intensivere Freundschaft zu diesem Menschen aufbauen möchten.

Das Tüpfelchen auf dem i

Wenn die erste Begegnung ein Erfolg ist, können Sie die nächsten Schritte unternehmen, um die Freundschaft zu festigen. Diesen Prozess sollte man aber nicht auf die leichte Schulter nehmen, vor allem wenn der Gast wirklich sehr einsam ist und sonst niemanden hat. Er oder sie wird Sie womöglich als Gebetserhörung betrachten. Darum sollten Sie sich gut überlegen, ob Sie wirklich bereit sind, die Verantwortung zu übernehmen, die eine solche Freundschaft mit sich bringt.

Am besten gehen Sie die Sache langsam an und begeben

sich ganz behutsam in das Leben des anderen hinein. Bestimmen Sie einen festen Zeitpunkt, zu dem Sie sich jede Woche treffen, und tauschen Sie sich miteinander über Ihr Leben aus. Ermutigen Sie Ihren neuen Freund oder Ihre Freundin, offen über eigene Probleme und Nöte zu sprechen. Wenn es Ihnen möglich ist, bieten Sie Ihre Hilfe an, ob beim Einkaufen, bei Fahrten zum Arzt oder bei Aufgaben im Haushalt, die diesem Menschen schwerfallen.

Zum Ablauf

Wahrscheinlich kennen Sie Menschen in Ihrer Gemeinde oder Nachbarschaft, die verwitwet sind und sich nach Gemeinschaft sehnen – und vielleicht auch nach Hilfe. Wenn nicht, dann fragen Sie Ihren Pastor / Ihre Pastorin oder andere Leute aus der Gemeinde oder der Umgebung. Bestimmt kennt jemand eine Person, die sich freuen würde, Zeit mit Ihnen beiden zu verbringen.

Wie Sie die gemeinsame Zeit gestalten, hängt ganz von Ihrem Gast ab. Seien Sie sensibel für dessen Bedürfnisse und Sorgen. Wenn körperliche Einschränkungen diesen Menschen daran hindern, das Haus zu verlassen, bringen Sie ihm doch einfach eine warme Mahlzeit vorbei.

Überlegen Sie sich im Vorfeld Fragen, um das Gespräch in Gang halten zu können. Hier ein paar Beispiele:

> Wie haben Sie Ihre/n Partner/in kennengelernt? War es Liebe auf den ersten Blick?
> Was ist Ihrer Erfahrung nach das Geheimnis einer gelingenden Ehe/Beziehung?
> Haben Sie Lust, uns etwas über Ihre Familie zu erzäh-

len? Wir würden uns freuen, wenn Sie uns auch ein paar Fotos zeigen!

- ➤ Wo haben Sie überall gelebt? An welchem Ort haben Sie am liebsten gewohnt? Was gefiel Ihnen dort am besten?
- ➤ Sind Sie Fan einer Sportmannschaft?
- ➤ In welchem Bereich haben Sie gearbeitet?
- ➤ Was sind Ihre Hobbys?

Wenn Ihr Gast gerne über diese Themen spricht, stellen Sie weitere Fragen dazu. Wenn nicht, wechseln Sie das Thema oder erzählen Sie von sich selbst.

 ## Die richtige Sprache sprechen

Nutzen Sie die Gelegenheit, nach dem Besuch Ihres Gastes noch Zeit mit Ihrem Partner / Ihrer Partnerin zu verbringen. Gehen Sie zusammen spazieren und sagen Sie einander das, was wirklich wichtig ist: wie dankbar Sie für das gemeinsame Leben sind, wie Sie sich durch Ihren Partner / Ihre Partnerin zum Guten verändert haben und dass Sie sich ein Leben ohne ihn/sie gar nicht mehr vorstellen können. Das wirkt sich besonders positiv auf einen Menschen aus, dessen Muttersprache der Liebe die Zweisamkeit ist.

# Den »Dritten im Bunde« miteinbeziehen

Lesen Sie gemeinsam die folgenden Bibelstellen:

> Psalm 68,6: »Ein Anwalt der Witwen und ein Vater der Waisen ist Gott in seiner heiligen Wohnung.«

> Jakobus 1,27: »Witwen und Waisen in ihrer Not zu helfen und sich vom gottlosen Treiben dieser Welt nicht verführen zu lassen – das ist wirkliche Frömmigkeit, mit der man Gott, dem Vater, dient.«

Wenn Sie möchten, verwenden Sie die folgenden Fragen und die Denkanstöße in Klammern als Grundlage für Ihr Gespräch über die beiden Verse:

> Warum legt die Bibel so viel Wert darauf, dass Witwen geholfen wird? (In biblischer Zeit wurde von Familien erwartet, dass sie sich um ihre Angehörigen kümmerten. Wer keine Familie hatte, stand praktisch schutzlos da – das galt besonders für Frauen. Sie hatten niemanden, der sich um sie kümmerte, deshalb nahm Gott sich ihrer besonders an.)

> Auf welche Weise kümmert Gott sich um Verwitwete? (In der Bibel wird davon berichtet, wie Gott auf wundersame Weise in das Leben von Witwen eingreift [1. Könige 17,7-24 / Lukas 7,11-17]. Meistens überlässt er die Verantwortung jedoch seinem Volk.)

Beten sie gemeinsam. Danken Sie Gott dafür, dass er niemanden übersieht. Bitten Sie ihn um Weisheit, Mut und Motivation, damit Sie jemandem, der Sie braucht, helfen können.

Lesetipp

Andacht aus der *Bibel für Paare,* S. 424 a (»Überfließende Liebe«)

15. Worte, die Wirkung zeigen

Der Moderator einer amerikanischen Talkshow forderte einmal einen Star der nationalen Basketballliga dazu heraus, während eines Interviews nach einem Spiel drei völlig zusammenhanglose Sätze in seine Antworten einzuflechten. Diese hatten rein gar nichts mit Basketball zu tun und waren auch sonst absolut sinnfrei. Tatsächlich gelang es dem Spieler, die drei Sätze in dem Interview unterzubringen. Hier nun dieselbe Challenge für Sie und Ihre/n Partner/in in etwas abgewandelter Form.

Das Tüpfelchen auf dem i

Die sozialen Netzwerke sind voll mit Clips von Leuten, die seltsame Dinge sagen und tun. Nun haben Sie die Gelegenheit, sich darunterzumischen. Während einer von Ihnen beiden versucht, eine Nonsensformulierung in eine normale Unterhaltung mit jemandem einzubinden, sollte der andere dies unauffällig aufzeichnen. Wenn Sie von den Gesprächspartner/-innen interessante Reaktionen erhalten, posten Sie das Ergebnis online – natürlich nachdem Sie die Zustimmung der Beteiligten eingeholt haben. Das Ziel besteht nicht unbedingt darin, möglichst viele Aufrufe und Likes zu bekommen, sondern eine bleibende Erinnerung an Ihr kleines Experiment zu haben.

Zum Ablauf

Viele Aktivitäten und Ideen in diesem Buch sind dazu gedacht, Sie beide einander näherzubringen, Ihnen eine neue Sicht auf Ihre Beziehung zu schenken oder sich allgemein positiv auf Ihr Leben und das anderer Menschen auszuwirken. Diese Aktion fällt nicht in eine solche Kategorie. Hier geht es nur darum, Spaß zu haben und gemeinsam etwas Lustiges zu erleben.

Zur Vorbereitung sollten Sie sich beide ein paar Worte und Wendungen überlegen, die man in einem alltäglichen Gespräch nicht erwarten würde – je verrückter, desto besser. Hier ein paar Anregungen:

> »edles korinthisches Leder«
> »so verrückt wie ein hypnotisierter Wasserbüffel«
> »Not leidendes Glas«
> »bunter Bauchnabel-Fussel«
> »Saucieren-Politik«
> »um 13 Uhr abends
> »schneller als ein Sofa«

Manche Leute werden unter Umständen irritiert über Ihre absurden Äußerungen lachen oder sich erkundigen, was Sie da gerade gesagt haben. Andere machen vielleicht sogar mit. Wieder andere gehen möglicherweise kopfschüttelnd weg.

Egal wie die Reaktionen aussehen, Sie sollten weder eine Erklärung geben noch Andeutungen machen, dass es sich hier um eine Art Versteckte-Kamera-Test handelt. Sie müssen die Sache durchziehen.

Die richtige Sprache sprechen

Überraschen Sie Ihre/n Partner/in, indem Sie positive Äußerungen über ihn/sie in Ihr Gespräch einfließen lassen. Vergewissern Sie sich vorher, dass er/sie tatsächlich in Hörweite ist, vor allem, wenn Lob und Anerkennung seine/ihre wichtigste Liebessprache ist.

Den »Dritten im Bunde« miteinbeziehen

Es macht Spaß, gelegentlich mit Worten zu spielen. Wenn es jedoch um ernstere Themen geht, legt Gott an sein Volk höhere Maßstäbe an. Lesen Sie gemeinsam Jakobus 5,12:

»Wenn ihr ›Ja‹ sagt, dann muss man sich darauf verlassen können. Und wenn ihr ›Nein‹ sagt, dann steht auch dazu. Sonst müsst ihr euch vor Gottes Gericht dafür verantworten.«

Wenn Sie möchten, verwenden Sie die folgenden Fragen und die Denkanstöße in Klammern als Grundlage für Ihr Gespräch über den Bibelvers:

> Was bedeutet es, dass man sich auf unser »Ja« verlassen können muss und dass wir zu unserem »Nein« stehen sollen? (Es bedeutet, dass wir in dem, was wir sagen, bedacht, zielgerichtet und aufrichtig sein sollen.)
> Warum ist das besonders für die Menschen wichtig, die Jesus nachfolgen wollen? (Andere sollen wissen, dass sie sich auf das, was wir sagen, verlassen können. Sie sollen erkennen, dass wir die Wahrheit wertschätzen und sie auf liebevolle Weise vermitteln wollen.)
> Warum neigen wir manchmal dazu, unsere Worte »aufzupolieren«? (Das ist meistens Teil des Versuchs, andere zu täuschen. Wer nicht möchte, dass die anderen auf den Inhalt dessen achten, was er sagt, der versucht, durch doppeldeutige, vage oder unverbindliche Äußerungen vom Wesentlichen abzulenken.)
> Wie können wir Gott durch die Art, wie wir uns äußern, ehren? (Wir können uns darin üben, »die Wahrheit in Liebe zu leben« [Epheser 4,15], indem wir anderen gegenüber auf rücksichtsvolle Weise ehrlich sind, selbst dann, wenn die Tatsachen schwer zu ertragen sind.)

Beten Sie gemeinsam. Danken Sie Gott dafür, dass er uns Maßstäbe für das Gespräch miteinander gegeben hat, die uns ermutigen, motivieren und inspirieren. Bitten Sie ihn, durch seinen Heiligen Geist in Ihnen zu wirken und Ihr Reden so zu beeinflussen, dass Menschen sich an Sie wenden, weil Sie ihnen liebevoll die Wahrheit sagen.

Lesetipp

Andacht aus der *Bibel für Paare,* S. 58 a (»Das Risiko der Aufrichtigkeit«)

16. Soundtrack der Liebe

Nehmen Sie sich einmal etwas Zeit, um über den Verlauf Ihrer gemeinsamen Beziehung nachzudenken – nicht nur über die Höhen und Tiefen, sondern auch über Menschen, Orte und Begebenheiten, die dabei eine wichtige Rolle gespielt haben. Suchen Sie dann nach Musik, die diese Entwicklungen beschreibt. Erstellen Sie zusammen eine Playlist, die die Geschichte Ihrer Beziehung erzählt.

Das Tüpfelchen auf dem i

Diese Grundidee kann man auf verschiedene Weise ausweiten. Zum einen könnten Sie Fotoalben herausholen, um sich an wichtige Orte, Unternehmungen oder Erlebnisse zu erinnern. Lassen Sie sich durch die Bilder bei der Songauswahl inspirieren.

Außerdem können Sie, wenn Sie Lust (und die entsprechende Begabung) dazu haben, auch selbst ein Lied schreiben, das Ihre Beziehung feiert. Dazu brauchen Sie nicht ganz bei null anzufangen; Sie können auch einen bereits existierenden

Song verwenden und den Text an Ihre persönliche Situation anpassen.

Wenn Sie mögen, können Sie Ihre fertige Playlist auf einer Streaming-Seite einstellen, damit auch andere die Musik genießen und sich davon inspirieren lassen können.

Zum Ablauf

Jeder kann eine Liste mit bekannten Liebesliedern oder romantischen Stücken zusammenstellen. Doch darum geht es hier nicht. Die Herausforderung besteht darin, Lieder zu finden, die die Geschichte *Ihrer* Beziehung darstellen – Songs, die eine Vielzahl von Zeiten, Orten, Ereignissen und Stimmungen beschreiben.

Sie können Ihre Playlist mit Liedern beginnen, aus denen sich die Aufregung und Unsicherheit zu Beginn Ihres Verliebtseins ablesen lässt. Und natürlich gehören zu Ihrer Auswahl auch Musikstücke, die für Sie beide von besonderer Bedeutung sind – vielleicht das Lied, zu dem Sie das erste Mal miteinander getanzt haben oder zu dem Sie bei einem Ihrer ersten Dates Karaoke gesungen haben.

Ihre Playlist sollte ein möglichst vollständiges Bild ergeben. Wenn es schwierige Zeiten gab – zum Beispiel eine Zeit der Eifersucht oder der vorübergehenden Trennung –, wählen Sie Musik aus, die diese Geschichten erzählt. Wenn Sie in eine bestimmte Gegend umgezogen sind, suchen Sie nach Liedern, die etwas mit diesem Ort und mit der Zeit Ihres Umzugs zu tun haben. Wenn Sie Kinder bekommen oder nahe Angehörige verloren haben, wählen Sie Songs, die diese einschneidenden Ereignisse widerspiegeln können.

Das Ziel ist es, eine Auswahl zusammenzustellen, die auch

einem Außenstehenden, der Sie nicht kennt und zufällig über diese Liste stolpert, die Geschichte Ihrer Beziehung vor Augen malen kann.

Die richtige Sprache sprechen

Bestimmt werden einige der Songs, die Sie auswählen, in Ihnen und Ihrem Partner / Ihrer Partnerin die Lust aufs Tanzen wecken, der Sie natürlich gern nachgeben dürfen. Insbesondere wenn Zärtlichkeit die wichtigste Liebessprache Ihres Partners / Ihrer Partnerin ist, sollten Sie ihn/sie jedes Mal eng an sich heranziehen, wenn ein Lied gespielt wird, zu dem es sich tanzen lässt.

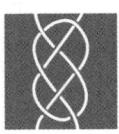

Den »Dritten im Bunde« miteinbeziehen

Lesen Sie gemeinsam Psalm 150:

»Halleluja – lobt den HERRN! Lobt Gott in seinem Heiligtum, lobt ihn, den Mächtigen im Himmel! Lobt ihn für seine gewaltigen Taten, lobt ihn, denn seine Größe ist unermesslich! Lobt ihn mit Posaunen, lobt ihn mit Harfe und Laute! Lobt ihn mit Tamburin und Tanz, lobt ihn mit Saitenspiel und Flötenklang! Lobt ihn mit Zimbelschall, lobt ihn mit Paukenschlag! Alles, was lebt, lobe den HERRN! Lobt den HERRN. Halleluja!«

Wenn Sie möchten, verwenden Sie die folgenden Fragen und die Denkanstöße in Klammern als Grundlage für Ihr Gespräch über diesen Bibeltext:

> Warum hat Musik einen so starken Einfluss auf Menschen? (Musik spielt auch in der Bibel an vielen Stellen eine wichtige Rolle. Man könnte sagen, dass Gott uns so geschaffen hat, dass wir uns durch Musik beeinflussen lassen – und auch andere dadurch beeinflussen können. Mit anderen Worten: Es ist in uns angelegt, dass wir auf Musik reagieren.)

> Was bedeutet Musik für Sie? (Für viele Leute bedeutet Musik eine Intensivierung ihrer Erfahrungen; vieles wird für sie dadurch eindrücklicher. Andere Menschen erinnert sie an bessere Zeiten in ihrem Leben oder bringt für sie Gefühle zum Ausdruck, die sie selbst nicht so gut ausdrücken können.)

> Wie können Sie Musik so einsetzen, dass sie Ihre Beziehung zu Gott fördert? (Sie kann helfen, uns auf die Anbetung Gottes einzustellen. Wenn Sie musikalisch begabt sind, können Sie als Teil Ihrer Zeit der Stille und des Gebets auch eigene Psalmen komponieren.)

Beten Sie gemeinsam. Danken Sie Gott für das Geschenk der Musik. Bitten Sie ihn, dass er Ihnen dabei hilft, Musik und andere kreative Elemente zu gebrauchen, um Ihre Beziehung zu ihm wachsen zu lassen.

Lesetipp

Andacht aus der *Bibel für Paare,* S. 622 a (»Gott sei Dank!«)

17. Traumurlaubsplanung

Vielleicht sind Sie finanziell nicht in der Lage, in diesem Jahr Ihren Traumurlaub zu machen. Vielleicht noch nicht einmal in diesem *Jahrzehnt*. Aber warum soll man sich durch solche Details die Vorfreude nehmen lassen? Es ist nie zu früh, mit der Planung des perfekten Urlaubs zu beginnen.

Das Tüpfelchen auf dem i

Sobald Sie das Ziel Ihrer Reise bestimmt haben, sprechen Sie mit Freunden und Familienmitgliedern, die schon einmal dort gewesen sind. Bitten Sie sie, Ihnen Aufnahmen von ihrem Urlaub zu schicken, vor allem von Orten, die Sie selbst vielleicht gerne besuchen würden. Schauen Sie sich die Bilder und/oder Videos gemeinsam an, als eine Art Vorschau Ihres Urlaubs. Wenn Sie niemanden kennen, der schon dort war, wo Sie hinmöchten, starten Sie eine Online-Suche nach entsprechenden Impressionen.

Zum Ablauf

Träumen Sie groß! Wenn Sie beide eine oder zwei Wochen irgendwo auf der Weltkugel verbringen könnten, wo würden Sie hinreisen? Und mit welchem Verkehrsmittel? Was würden Sie dort machen? Welche Art von Unterkunft würden Sie wählen?

Betrachten Sie das Ganze aber nicht nur als Träumerei – es ist eine Vorausplanung. Wenn Sie sich entscheiden, ein Viersternehotel zu buchen, dann suchen Sie im Internet nach einer solchen Unterkunft in der entsprechenden Gegend. Sehen Sie sich Ihre Optionen an. Wollen Sie ein Zimmer mit Blick aufs Meer? Oder eins, von dem aus man den Swimmingpool sieht? Eine Luxussuite?

Möchten Sie während Ihres Aufenthaltes eine kulinarische Schiffstour unternehmen, gleitsegeln oder schnorcheln? Die örtlichen Museen und Sehenswürdigkeiten besuchen? Planen Sie in Ihre Tagesabläufe das ein, was Sie wirklich gern tun würden. Denken Sie daran: Dies ist Ihr *Traum*urlaub.

Sprechen Sie während Ihrer Planung auch darüber, wie wichtig es ist, die Kosten zu überschlagen, bevor Sie sich in etwas so Großes wie Ihren Traumurlaub stürzen oder in ein anderes großes Event in Ihrem Leben.

 ## Die richtige Sprache sprechen

Wenn Geschenke die wichtigste Liebessprache Ihres Partners / Ihrer Partnerin sind, können Sie diese Aktivität zu einem unvergesslichen Erlebnis machen, indem Sie ihm/ihr schon *vor* der Reise ein Souvenir schenken. Kaufen Sie ein T-Shirt, eine Tasse, eine Schneekugel oder ein anderes Andenken an den Ort, den Sie besuchen wollen, und verschenken Sie es als Erinnerung an das, worauf Sie sich freuen können.

Den »Dritten im Bunde« miteinbeziehen

Lesen Sie gemeinsam Johannes 14,1-11. In diesem Abschnitt erzählt Jesus seinen Jüngern, er werde ins Haus seines Vaters zurückkehren und dort eine Wohnung für sie vorbereiten. Thomas, einer der Jünger, stellt dazu eine wichtige Frage: »Herr, wir wissen nicht einmal, wohin du gehst! Wie sollen wir dann den Weg dorthin finden?« (Vers 5). Die Antwort, die Jesus ihm gibt, ist kühn, ja geradezu schockierend: »Ich bin der Weg, ich bin die Wahrheit, und ich bin das Leben! Ohne mich kann niemand zum Vater kommen« (Vers 6).

Ganz gleich, wie viel Planung wir in einen Urlaub investiert haben – wenn wir in der Überzeugung aufbrechen, wir hätten uns auf alle denkbaren Umstände vorbereitet, dann irren wir uns. Wenn unsere Pläne völlig festgelegt und unflexibel sind, bedeutet der Urlaub am Ende wahrscheinlich mehr Stress und Sorge als Freude und Entspannung. So wie wir damit rechnen müssen, dass es auf jeder Reise unerwartete Ereignisse und Wendungen geben kann, sollten wir auch in der Nachfolge Jesu – dem einzigen Weg, der einzigen Wahrheit und dem einzigen Leben – nicht meinen, dass alles so verläuft, wie wir es erwarten. So wie Thomas möchten auch wir oft schon im Voraus wissen, wohin Jesus geht und welchen Weg er uns im Leben führt. Manchmal projizieren wir auch unsere eigenen Ambitionen und Erwartungen auf ihn. Wir sollten nicht den Fehler machen zu versuchen, Jesus unsere eigenen Vorstellungen dessen aufzuzwingen, wer Gott ist und was er mit uns vorhat. Stattdessen sollten wir ihm vertrauen, dass er uns durch den Heiligen Geist auf unserer Lebensreise leitet. Jesus nachzufolgen, bringt uns alles andere als das, was wir erwartet haben.

Wenn Sie möchten, verwenden Sie die folgenden Fragen und die Denkanstöße in Klammern als Grundlage für Ihr Gespräch über diesen Bibeltext:

> Haben Sie auf einer Reise schon einmal etwas ganz Unerwartetes erlebt? Wie sind Sie mit der plötzlichen Planänderung umgegangen? (Vielleicht haben Sie die Situation akzeptiert und darauf vertraut, dass sich schon alles fügen wird. Vielleicht hatten Sie jedoch auch damit zu kämpfen, dass Ihre sorgfältige Planung über den Haufen geworfen wurde.)

> Warum reagieren manche vielleicht mit Unbehagen auf das, was Jesus in Vers 6 sagt? (Es ist in unserer Gesellschaft oft bequemer und akzeptabler zu glauben, dass jede/keine Religion etwas Wahres in sich trägt, oder gar nicht erst Stellung zu beziehen.)

> Wie können wir die Botschaft von Vers 6 vertrauensvoll und in Demut verkünden? (Die Worte in Johannes 14 lehrt Jesus seine Jünger, bevor er sein Leben als ultimativen Akt der Liebe am Kreuz opfert. Nur wenn wir Jesus ganz vertrauen und seinem Beispiel folgen, indem wir andere Menschen von ganzem Herzen lieben, können wir treu und demütig die Botschaft von Vers 6 weitergeben.)

Beten Sie gemeinsam. Danken Sie Gott dafür, dass Sie ihm als Jünger und Jüngerin dienen dürfen. Bitten Sie ihn, Ihnen eine geistliche Sicht für Ihren Dienst zu schenken, vor allem, wenn dieser Sie viel zu kosten scheint.

Lesetipp

Andacht aus der *Bibel für Paare,* S. 36 a (»Die Chance zur Vergebung«)

18. Ein Puzzle mit vertrautem Motiv

Wählen Sie eines Ihrer Lieblingsfotos aus und lassen Sie ein Puzzle daraus herstellen. Dann breiten Sie die Teile auf einem Tisch aus und arbeiten gemeinsam daran. Verraten Sie Ihrem Partner / Ihrer Partnerin noch nicht, um welches Bild es sich dabei handelt. Wie lange dauert es wohl, bis er/sie es erkannt hat?

Das Tüpfelchen auf dem i

Stellen Sie das Foto, das Sie für das Puzzle verwendet haben, noch einmal nach. Das ist besonders dann eine Herausforderung (die sich aber lohnt), wenn mehrere Personen darauf abgebildet sind. Suchen Sie den Ort auf, an dem das Bild aufgenommen wurde. Wenn das nicht möglich ist, finden Sie einen ähnlichen Ort.

Die beteiligten Personen sollten sich möglichst ähnlich kleiden wie auf dem ursprünglichen Foto. Bitten Sie jemanden, die Aufnahme zu machen und die zu Fotografierenden möglichst in die gleiche Position zu bringen wie damals.

Wenn Sie möchten (und alle Beteiligten einverstanden sind), posten Sie das Bild in den sozialen Netzwerken.

Zum Ablauf

Wählen Sie das Foto sorgfältig aus. Dabei kommt es nicht darauf an, ob nur Ihr/e Partner/in, Sie beide oder Ihre ganze Familie abgebildet ist. Wichtig ist nur, dass das Bild sich gut für ein Puzzle eignet. Es sollte zum Beispiel deutliche Farbkontraste und klare Konturen besitzen, damit sich die einzelnen Teile leichter zuordnen lassen.

Im Internet finden Sie jede Menge Anbieter, die aus Ihrem Foto ein Puzzle nach Ihren Wünschen erstellen. Sie können entscheiden, wie groß es sein und aus wie vielen Teilen es bestehen soll. Wenn Sie relativ schnell fertig werden wollen, genügen 250 Teile. Um länger beschäftigt zu sein, braucht man eher 1000.

Während Sie an Ihrem Puzzle arbeiten, könnten Sie überlegen, welche Gegenstände aus Ihrem Haus kaputtgegangen sind – vielleicht sogar in viele Teile zerbrochen, genau wie Ihr Puzzle – und wieder repariert oder zusammengesetzt wurden. Dabei könnten Sie auch darauf zu sprechen kommen, welche *Beziehungen* zerbrochen sind und wie schwierig es ist, diese wieder zu kitten.

 ## Die richtige Sprache sprechen

Wenn Lob und Anerkennung die wichtigste Liebessprache Ihres Partners / Ihrer Partnerin ist, können Sie diese Aktivität dazu nutzen, um über seine/ihre Abbildung auf dem Foto zu sprechen. Erzählen Sie, warum Ihnen dieses Foto so viel bedeutet. Was sehen Sie in Ihrem Partner / Ihrer Partnerin, wenn Sie das Bild betrachten? Welche Erinnerungen werden dadurch geweckt?

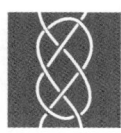 ## Den »Dritten im Bunde« miteinbeziehen

Lesen Sie gemeinsam Jeremia 17,14:

»Heile du mich, HERR, dann werde ich geheilt, hilf mir, dann ist mir geholfen! Dich allein will ich preisen!«

Wenn Sie möchten, verwenden Sie die folgenden Fragen und die Denkanstöße in Klammern als Grundlage für Ihr Gespräch über diesen Bibelvers:

> - Wie würden Sie Jeremias Tonfall hier beschreiben? (Offensichtlich befindet er sich in einer verzweifelten Situation. Aber in seinen Worten liegt auch Zuversicht. Er weiß, dass Gott das tun kann, worum er ihn bittet.)
> - Welche Umstände könnten einen Menschen dazu veranlassen, eine solche Bitte an Gott zu richten? (Menschen können durch den Verrat anderer verletzt sein – zum Beispiel durch eine gescheiterte Ehe oder eine zerbrochene Freundschaft. Auch an unserem eigenen Versagen oder an einer Vertrauenskrise können wir zerbrechen. Jeremias Bitte könnte auf die Erkenntnis zurückzuführen sein, dass er sich selbst nicht heilen und aus seiner Notlage befreien kann. Oft ist es erst unsere letzte, verzweifelte Maßnahme, uns an Gott zu

wenden. Unser Stolz sagt uns, dass *wir* in der Lage sein sollten, das zu reparieren, was in uns zerbrochen ist.)

> Auf welche Weise heilt Gott unsere Zerbrochenheit? (Er erinnert uns daran, wer wir sind – nämlich seine Geschöpfe. Er zeigt uns nicht nur seine Liebe, sondern auch seine heilende Kraft. Er schickt uns Menschen, die sich um uns kümmern. Er stellt unser Selbstvertrauen wieder her, indem er uns Gelingen schenkt.)

> Was würden Sie einem Menschen sagen, der versucht, sein zerbrochenes Leben wiederherzustellen? (Nichts ist so kaputt, dass Gott es nicht wieder in Ordnung bringen könnte.)

Beten Sie gemeinsam. Danken Sie Gott dafür, dass er das Zerbrochene heilt und wiederherstellt. Bitten Sie ihn, dass er Ihnen hilft, wenn Sie das in Ordnung bringen wollen, was in Ihrem Leben zerbrochen ist – und dass er auch anderen Menschen hilft und für sie Zerbrochenes wieder ganz macht. Bitten Sie ihn, Sie zu gebrauchen, damit andere heil werden.

Lesetipp

Andacht aus der *Bibel für Paare,* S. 508 a (»Wenn wir nur beten würden!«)

19. Nachrichten aus einem anderen Ort

Wenn Sie und Ihr/e Partner/in Nachrichten-Junkies sind, dann kennen Sie bestimmt alle Probleme und Anliegen aus Ihrer Region. Aber was wissen Sie über eine Stadt, die am anderen Ende des Landes liegt – oder am anderen Ende der Welt? Im Rahmen dieser Idee können Sie das herausfinden. Nutzen Sie einen freien Morgen, um eine Lokalzeitung aus einem ganz anderen Ort zu lesen.

Das Tüpfelchen auf dem i

Sammeln Sie Hintergrundinformationen zu den Nachrichten, die Sie lesen werden, indem Sie sich über die betreffende Stadt informieren. Vertiefen Sie sich in deren ältere und neuere Geschichte. Versuchen Sie nachzuvollziehen, welche Themen den Einwohnern dort zurzeit auf den Nägeln brennen. Welche Prioritäten und politischen Ansichten haben die Leute dort? Wenn Sie im Voraus eine entsprechende Recherche betreiben, können Sie die Informationen beim Lesen der Zeitung besser einordnen.

Wenn das Gelesene Sie interessiert hat, möchten Sie die betreffende Zeitung vielleicht häufiger lesen. Viele Verlage bieten digitale Abonnements zu vernünftigen Preisen an.

Zum Ablauf

Zunächst einmal müssen Sie sich entscheiden, welche Zeitung Sie lesen wollen. Viele Bibliotheken haben eine Fülle an Periodika abonniert und stellen sie ihren Lesern/Leserinnen zur Verfügung. Wie bereits erwähnt, sind viele Zeitungen auch als digitale Ausgaben zu haben, sodass sie überall von jedem gelesen werden können.

Wenn Sie sich einen kreativeren Zugang wünschen, könnten Sie eine Region auswählen, die Sie besonders interessiert – vielleicht einen Ort, an dem Sie früher gewohnt haben oder den Sie schon immer einmal besuchen wollten. Nehmen Sie Kontakt zu einer Lokalzeitung auf und bitten Sie um die Zusendung einer Ausgabe. Oder fragen Sie Freunde oder Familienangehörige, die weit entfernt leben, ob diese Ihnen nicht eine Ausgabe ihrer örtlichen Zeitung zuschicken könnten.

Vertiefen Sie sich in die Zeitung. Ziehen Sie eine detaillierte Landkarte heran, damit Sie ein Gefühl für die geografischen Gegebenheiten bekommen und sich anschauen können, wo die Ereignisse, über die berichtet wird, sich zugetragen haben. Versuchen Sie ein Gespür für die Menschen dort zu entwickeln und für das, was ihnen wichtig ist.

Unterhalten Sie sich über die Unterschiede zwischen dieser Region und Ihrer Stadt. Überlegen Sie aufgrund des Gelesenen, ob Sie gern dort leben würden. Wenn von Todesfällen oder Unwettern berichtet wird, beten Sie für die betroffenen Menschen.

Die richtige Sprache sprechen

Wenn Hilfsbereitschaft die wichtigste Liebessprache Ihres Partners / Ihrer Partnerin ist, können Sie das Erlebnis perfekt abrunden, indem Sie sein/ihr Lieblingsfrühstück vorbereiten, inklusive einer Tasse Kaffee und/oder einem Glas Orangensaft. Stellen Sie alles auf ein Tablett und bringen Sie es ihm/ihr zusammen mit der ungewöhnlichen Tageszeitung ans Bett.

Den »Dritten im Bunde« miteinbeziehen

Lesen Sie gemeinsam das Gleichnis vom barmherzigen Samariter in Lukas 10,25-37. In dieser Geschichte sind die Leute, die eigentlich Mitgefühl und Fürsorge zeigen sollten, viel zu sehr mit ihren eigenen Anliegen beschäftigt, um sich einem Menschen in Not zuzuwenden. Die liebevolle Hilfeleistung geschieht durch jemanden, mit dem man nicht gerechnet hat.

Wenn Sie möchten, verwenden Sie die folgenden Fragen und die Denkanstöße in Klammern als Grundlage für Ihr Gespräch über diesen Bibeltext:

> ➤ Warum fragte der Mann Jesus, wer sein Mitmensch sei? (Er wollte seinen Verantwortungsbereich eingegrenzt bekommen, sodass er sich nur um ganz bestimmte Menschen zu kümmern brauchte.)
> ➤ Wer ist laut Jesus unser Mitmensch? (Jeder, der in Not ist.)
> ➤ Was sollen wir daraus lernen, dass der eine, der dem

notleidenden Mann half, aus einem anderen Land stammte – dass es sich um jemanden handelte, der keinen naheliegenden Grund hatte, dem Verletzten zu helfen, und der selbst als minderwertig betrachtet wurde? (Unsere Fähigkeit – und Verantwortung – zu helfen kennt keine Grenzen.)

> Wie können wir uns in Menschen hineinversetzen, zu denen wir keinen Kontakt haben? (Wir können uns klarmachen, dass sie wahrscheinlich sehr ähnlich empfinden wie wir. Wir alle teilen dieselben Grundbedürfnisse und haben oft vergleichbare Sorgen.)

Beten Sie gemeinsam. Danken Sie Gott dafür, dass er Ihnen so viele Mitmenschen gegeben hat, die sich um Sie kümmern. Bitten Sie ihn, den Menschen zu begegnen, von denen Sie in der Zeitung gelesen haben und die mit Problemen und Nöten kämpfen. Bitten Sie ihn, Sie zu gebrauchen, um im Leben anderer einen positiven Unterschied zu machen.

Lesetipp

Andacht aus der *Bibel für Paare*, S. 350 b (»Gütig sein«)

20. Leute beobachten - aber mit System

Leute zu beobachten, muss nichts Passives sein – zumindest nicht, wenn man andere Menschen wirklich wahrnimmt, eine lebhafte Fantasie hat und eine/n Partner/in, der/die Lust hat, gemeinsam ein paar Spekulationen über die Leute anzustellen, die einem über den Weg laufen. Trainieren Sie Ihre Einfühlsamkeit, indem Sie überlegen, was wohl im Leben dieser Menschen vor sich geht.

Das Tüpfelchen auf dem i

Sie können das Ganze noch um eine schöne Komponente erweitern, indem Sie für die Menschen beten, die Sie sehen. Versuchen Sie deren Bedürfnisse zu erahnen, während Sie ihr Verhalten beobachten. Wirkt die Person einsam? Macht jemand einen ängstlichen oder depressiven Eindruck? Ist die alleinerziehende Mutter oder der Vater mit der Situation vielleicht überfordert? Scheint das Ehepaar sich nicht so gut zu verstehen? Bringen Sie diese Menschen im Gebet vor Gott.

Bitten Sie ihn, in ihrem Leben zu wirken, ihnen zu begegnen und Heilung und Trost zu bringen.

Darüber hinaus können Sie beide sich auch von Gott gebrauchen lassen, um andere Menschen zu ermutigen. Wenn Sie jemanden sehen, der unmittelbar Hilfe braucht, dann werden Sie aktiv. Stellen Sie sich vor und fragen Sie, ob Sie behilflich sein können.

Zum Ablauf

Suchen Sie nach einem Ort, wo Sie beide eine Weile bequem sitzen und die Menschen, die vorübergehen, beobachten können. Das kann eine Bank an einem Spazierweg oder Spielplatz sein, ein Tisch draußen vor einem Café an einer belebten Straße oder der Wartebereich eines Flughafenterminals. Es sollte ein Ort sein, an dem Sie einen guten Überblick haben und eine Vielzahl von Menschen unauffällig beobachten können.

Das Ziel besteht darin, hinter dem äußeren Anschein mehr zu entdecken. Studieren Sie die Gesichtsausdrücke, die Körpersprache, die Interaktion mit anderen Menschen und weitere Hinweise, die Ihnen auffallen. Versuchen Sie die Menschen zu lesen.

Wenn Sie jemanden entdecken, der Sie besonders neugierig macht, überlegen Sie sich eine »Hintergrundstory« für diese Person. Überlegen Sie, wer sie sein könnte, woher sie wohl kommt, wohin sie unterwegs ist, wie ihre Zukunftspläne und ihre Vergangenheit aussehen mögen und alles andere, was Ihnen gerade in den Sinn kommt. Denken Sie sich ruhig etwas Romantisches oder Schönes aus und lassen Sie Ihrer Fantasie freien Lauf. (Vielleicht ist die ältere Dame, die die Tauben füttert, in Wirklichkeit ja eine gefährliche CIA-Agentin …)

Diese Übung soll Sie darin schulen, andere Menschen wirklich wahrzunehmen und sich eingehender mit deren Leben zu befassen.

Die richtige Sprache sprechen

Wenn die wichtigste Liebessprache Ihres Partners / Ihrer Partnerin Zärtlichkeit ist, könnten Sie sich während Ihrer Beobachtungsmission an den Händen halten, einander den Arm um die Schultern legen oder andere liebevolle Signale senden, bei denen Sie beide sich wohlfühlen. Stellen Sie sich vor, dass irgendein Paar Sie genauso beobachtet, wie Sie es gerade bei anderen tun. Überlegen Sie, welche Rückschlüsse dieses Paar wohl aus Ihrem Verhalten ziehen würde.

Den »Dritten im Bunde« miteinbeziehen

Lesen Sie gemeinsam Lukas 8,43-48. In dieser biblischen Geschichte geht es um eine Frau, die seit Jahren unter Blutungen leidet und jetzt die Chance auf Heilung sieht, weil Jesus vorbeikommt. Mitten in der Menschenmenge berührt sie sein Gewand und ist sofort geheilt. Jesus merkt, was geschehen ist, dreht sich um und fragt: »Wer hat mich angefasst?«

Die Jünger wundern sich über diese Frage. Wie kann Jesus in einer solchen Menschenmenge eine einzelne Person wahrnehmen?

Wenn Sie möchten, verwenden Sie die folgenden Fragen und die Denkanstöße in Klammern als Grundlage für Ihr Gespräch über diesen Bibeltext:

> Wie konnte Jesus spüren, was die Frau getan hatte? (Er nimmt jeden Einzelnen mit allem, was ihn ausmacht und beschäftigt, wahr. Er wusste, was die Frau getan hatte, weil er ihre Not spürte, und er hatte Mitgefühl mit ihr.)

> Warum wunderten sich die Jünger über die Frage von Jesus? (Sie sahen nur die Menschenmenge – das »große Bild«. Auf die einzelnen Menschen mit ihren individuellen Sorgen achteten sie nicht.)

> Was hindert uns daran, die Probleme und Bedürfnisse anderer wahrzunehmen? (Wir sind oft zu sehr mit uns selbst beschäftigt. Wir urteilen vorschnell über andere und lassen uns in unserem Denken von vorgefassten Meinungen bestimmen.)

Beten Sie gemeinsam. Danken Sie Gott für sein Mitgefühl und seine heilende Kraft. Bitten Sie ihn, dass er Ihnen hilft, sich in andere hineinzuversetzen und deren Bedürfnisse und Nöte zu erkennen.

Lesetipp

Andacht aus der *Bibel für Paare*, S. 1160 a (»Störungen unerwünscht?«)

21. Spuren hinterlassen

In 5. Mose 6,9 weist Mose die Israeliten an, die Gebote Gottes in die Pfosten ihrer Haustüren und Stadttore einzuritzen. Setzen Sie eine Variante davon um, indem Sie bei sich zu Hause an nicht ganz so offensichtlichen Orten Bibelverse anbringen.

Das Tüpfelchen auf dem i

Der im Folgenden ausgeführte Vorschlag zielt darauf ab, klein und unauffällig zu arbeiten, sodass die Ergebnisse nur scharfen Beobachtern auffallen oder denen, die wissen, wo sie danach suchen müssen. Wenn Sie aber etwas ganz Besonderes machen wollen, können Sie die Sache auch einige Nummern größer angehen: Engagieren Sie einen Maler, Kalligrafie- oder Handlettering-Künstler, um Ihren Lieblingsbibelvers an eine Wand in Ihrem Zuhause zu schreiben bzw. auf ein Banner oder ein Schild, das sie aufhängen können. Gut platziert wäre dieser Text zum Beispiel gegenüber Ihrer Wohnungstür, sodass er das Erste ist, was Besucher sehen, wenn sie eintreten. Anbieten würde sich dafür ein Vers, der widerspiegelt, was Ihnen wichtig ist, wie zum Beispiel: »Ich aber und meine Familie, wir wollen dem HERRN dienen« (Josua 24,15).

Zum Ablauf

Alles, was Sie für diese Aktion brauchen, sind ein paar permanente Fineliner, Klebeetiketten und eine Bibel. Wählen Sie Ihre Lieblingsverse aus, in denen Trost, Hoffnung, Bewahrung und Verheißungen zum Ausdruck kommen, und schreiben Sie diese auf, um sie an verschiedene Orte in Ihrer Wohnung zu kleben; sie müssen nicht unbedingt auf den ersten Blick sichtbar sein. Die Texte sollen als kleine Erinnerungsstützen dafür, mit Gott im Gespräch zu bleiben und sich in Dankbarkeit zu üben, im ganzen Haus verteilt werden.

Das Ganze kann auch ein wenig lustig gestaltet werden, indem Bibeltexte und Verheißungen passend zu bestimmten Orten in der Wohnung ausgesucht werden. Hier ein paar Beispiele:

> - Auf die Außenfläche eines Lichtschalters könnte man schreiben: »Das Licht leuchtet in der Finsternis, und die Finsternis hat es nicht auslöschen können« (Johannes 1,5).
> - Unter dem Vogelhaus könnte stehen: »Seht euch die Vögel an! Sie säen nichts, sie ernten nichts und sammeln auch keine Vorräte. Euer Vater im Himmel versorgt sie« (Matthäus 6,26).
> - Auf der Unterseite eines Kinderbettes oder einer Wiege könnte man die Worte finden: »Abends legst du dich ohne Sorgen ins Bett und schläfst die ganze Nacht hindurch ruhig und tief« (Sprüche 3,24).

Noch spaßiger kann es werden, wenn man ohnehin die Wohnung umgestalten oder renovieren will. Dann könnte man, wenn man will, auf jede sich anbietende Stelle einen Bibelvers schreiben – zum Beispiel auf einen Lattenrost oder die Unterseite einer Tischplatte.

 ## Die richtige Sprache sprechen

Sie können Ihrem Partner / Ihrer Partnerin hierbei eine besondere Freude machen, wenn er/sie Muttersprachler/in der Liebessprache Lob und Anerkennung ist. Überlegen Sie, wo Sie lobende Worte anbringen könnten. Als Mann könnten Sie zum Beispiel auf den Boden einer Schublade schreiben: »Wer eine Frau gefunden hat, der hat es gut; es ist ein Zeichen der Güte des HERRN« (Sprüche 18,22).

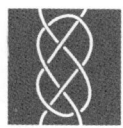 ## Den »Dritten im Bunde« miteinbeziehen

Lesen Sie gemeinsam 5. Mose 11,18-20:

»Bewahrt diese Worte im Herzen! Denkt immer daran! Schreibt sie zur Erinnerung auf ein Band und bindet es um die Hand und die Stirn! Bringt die Gebote auch euren Kindern bei! Redet immer und überall davon, ob ihr zu Hause oder unterwegs seid, ob ihr euch schlafen legt oder aufsteht! Ritzt sie ein in die Pfosten eurer Haustüren und Stadttore!«

Wenn Sie möchten, verwenden Sie die folgenden Fragen und die Denkanstöße in Klammern als Grundlage für Ihr Gespräch über diesen Bibeltext:

> Was geschieht, wenn wir etwas ständig vor Augen haben? (Werbefachleute wissen, wie wichtig es ist, Produkte immer wieder zu zeigen, selbst dann, wenn sie schon große Bekanntheit erlangt haben. Je öfter wir etwas sehen, desto tiefer prägt es sich in unser Gedächtnis ein.)

> Warum ist es so wichtig, dass wir uns Gottes Wort – und besonders seine Verheißungen – einprägen? (Wenn wir uns immer sofort an Gottes Wort erinnern, kann uns das helfen, Versuchungen zu widerstehen; es kann uns Mut und Trost schenken und uns inspirieren, wenn wir es am meisten brauchen.)

> Welche Möglichkeiten gibt es noch für Sie und Ihre Familie, sich Gottes Wort immer wieder ins Gedächtnis zu rufen? (Sie können zum Beispiel während Autofahrten gemeinsam Bibelverse aufsagen. Vor oder nach den Mahlzeiten und beim Zubettgehen können Sie einander aus der Bibel vorlesen.)

Beten Sie gemeinsam. Danken Sie Gott für seine Worte der Verheißung, der Hoffnung, Ermutigung und Inspiration, die überall in der Bibel zu finden sind und so viel Kraft entfalten können. Bitten Sie ihn, dass er Ihnen hilft, auf seine Zusagen zu bauen, wenn Sie sich mit Problemen konfrontiert sehen.

Lesetipp

Andacht aus der *Bibel für Paare,* S. 208 a (»Zeit für Geschichten«)

22. Ein unvergesslicher Schneemann

Hätten Sie Lust, einen Schneemann zu bauen? Wenn ja, dann versuchen Sie es doch einmal mit etwas ganz Außergewöhnlichem. Bauen Sie einen, an den sich die Leute noch lange erinnern werden, nachdem er geschmolzen ist. Er sollte so ausgefallen sein, dass alle Passanten stehen bleiben und sich fragen, wie Sie auf so eine Idee gekommen sind und wie Sie das hingekriegt haben.

Das Tüpfelchen auf dem i

Lokale Nachrichtensender sind immer auf der Suche nach ungewöhnlichen Geschichten aus der Region. Vielleicht wäre sogar ein besonderer Schneemann für sie von Interesse. Wenn Sie ein wahrhaft sehenswertes Exemplar geschaffen haben, dann machen Sie doch einfach mal ein Foto, posten Sie es online und markieren Sie den entsprechenden Sender darauf. Wenn an diesem Tag nichts Besonderes los ist, könnte es sein, dass die Redaktion Ihre kreative Idee aufgreift. Wer weiß?

Vielleicht ist Ihr Schneemann dann sogar drei Sekunden lang auf Sendung und erscheint beim Wetterbericht.

Zum Ablauf

Sie könnten zum Beispiel einen Schneemann bauen, der auf dem Kopf steht. Dazu legen Sie den Hut auf den Boden und stecken ganz oben ein Paar Schuhe drauf. Schlingen Sie dem Schneemann einen Schal um den Hals, der ihm ins Gesicht hängt. Verwenden Sie Zweige als Arme, die nach unten gerichtet sind, und ziehen Sie diesen Handschuhe über, die flach auf dem Boden liegen. So macht Ihr Schneemann einen Handstand.

Wenn Sie gewisse Ingenieurs- oder Designerfähigkeiten besitzen, könnten Sie einen Schneemann bauen, der in einem bestimmten Winkel geneigt ist. Oder einen mit zwei Köpfen. Haben Sie keine solchen Talente, dann können Sie das durch die schiere Masse und Größe Ihres Schneemanns wettmachen. Holen Sie dazu, falls nötig, zusätzlichen Schnee herbei und bauen Sie einen Schneemann, der mindestens zwei Meter groß ist und wirklich bombastisch wirkt. Erschaffen Sie den Goliat unter den Schneemännern.

Für die gute Arbeit sollten Sie sich mit einem heißen Kakao belohnen. Während Sie Ihr warmes Getränk genießen, könnten Sie sich darüber unterhalten, wie ein Herausstechen aus der Masse – so wie das Ihres Schneemanns – für manche Menschen schwierig sein kann. Sprechen Sie miteinander über Leute, die Sie kennen und die ganz anders sind als alle anderen. Überlegen Sie, was diese Menschen so einzigartig macht.

Die richtige Sprache sprechen

Die biblische Grundlage für diese Aktion ist Psalm 139,14, wo der Psalmist sich dankbar dafür äußert, dass er »wunderbar und einzigartig gemacht« ist. Während Sie Ihren Schneemann bauen, könnten Sie Ihrem Partner / Ihrer Partnerin sagen, wie wunderbar und einzigartig auch er/sie ist. Denken Sie dabei nicht nur an äußere Eigenschaften, sondern auch an die inneren Werte wie zum Beispiel bestimmte Charakterzüge, die Sie besonders schätzen. Wenn Ihr/e Partner/in Lob und Anerkennung als wichtigste Liebessprache spricht, dann wird Ihre aufrichtige Bewunderung bei ihm/ihr eine tiefe Wirkung haben.

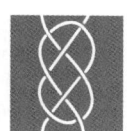

Den »Dritten im Bunde« miteinbeziehen

Lesen Sie gemeinsam Psalm 139,14:

»Herr, ich danke dir dafür, dass du mich so wunderbar und einzigartig gemacht hast! Großartig ist alles, was du geschaffen hast – das erkenne ich!«

Wenn Sie möchten, verwenden Sie die folgenden Fragen und die Denkanstöße in Klammern als Grundlage für Ihr Gespräch über diesen Bibelvers:

> ➤ Was bedeutet es, dass wir wunderbar und einzigartig gemacht sind? (Jeder Mensch ist ein außergewöhnliches Geschöpf. Wir haben viele gemeinsame Eigenschaften,

aber auch ganz besondere Qualitäten, die uns von allen anderen unterscheiden und es uns ermöglichen, unseren einzigartigen Beitrag in dieser Welt zu leisten.)

➤ Warum ist es für uns wichtig zu erkennen, dass wir wunderbar und einzigartig gemacht sind? (Das Wissen um unsere Einzigartigkeit verbindet uns mit unserem Schöpfer. Es gibt uns unendlich viele Gründe, ihm zu danken.)

➤ Warum vergessen wir so leicht, dass wir wunderbar und einzigartig sind? (Die Medien setzen unmöglich zu erreichende Maßstäbe für Schönheit. Wenn wir uns mit hochgestylten Supermodels vergleichen, ziehen wir immer den Kürzeren. Außerdem wimmelt es auf der Welt von Menschen, die andere niedermachen, um sich selbst besser zu fühlen.)

➤ Wie können wir eine »Psalm 139,14-Einstellung« aufrechterhalten, wenn um uns herum so viele Kräfte daran arbeiten, uns in Selbstzweifel zu stürzen? (Wir können uns mit Menschen umgeben, die das Gute in uns sehen. Wir können die Schönheitsideale, die wir in den Medien vermittelt bekommen, hinterfragen. Wir können Gott bitten, uns so zu sehen, wie er uns sieht. Wir können selbst nach dem Guten in anderen Menschen suchen.)

Beten Sie gemeinsam. Danken Sie Gott dafür, dass er Sie wunderbar und einzigartig geschaffen hat. Bitten Sie ihn um Weisheit, damit Sie auch in anderen das Wunderbare und Einzigartige sehen, und um den Mut, ihnen das auch zu vermitteln.

Lesetipp

Andacht aus der *Bibel für Paare*, S. 1428 b (»Was der Mensch wert ist«)

23. Mal was Neues ausprobieren

Jeder Mensch hat andere Vorlieben – beim Essen, bei Büchern, Filmen oder Hobbys. Die Tatsache, dass zwei Menschen nicht denselben Geschmack haben, bedeutet jedoch nicht, dass sie nicht miteinander auskommen. Sie sind einfach nur zwei einzigartige Persönlichkeiten. Bestimmt mag Ihr/e Partner/in Dinge, die Ihnen nicht gefallen – und umgekehrt. Hier haben Sie nun die Gelegenheit, Ihre Meinung zu ändern (oder auch nicht). Jeder von Ihnen beiden sucht für den anderen etwas aus, das dieser mal ausprobieren soll.

Das Tüpfelchen auf dem i

Es wäre ja schade, wenn Sie und Ihr/e Partner/in etwas Neues ausprobieren und das Erlebnis nicht für die Nachwelt festhalten würden. Machen Sie also Fotos oder Videos, um das Ganze zu dokumentieren. Sie müssen diese ja niemandem zeigen, aber es wäre für Sie selbst eine schöne Erinnerung an diese Herausforderung.

Sie können die Aktion auch über ein ganzes Wochenende

ausdehnen, das in zwei Teile gegliedert wird: Am ersten Tag gibt der eine von Ihnen das Programm vor und plant die Dinge, die der andere ausprobieren soll. Am zweiten Tag tauschen Sie dann die Rollen.

Zum Ablauf

Denken Sie daran, dass es ums Genießen und Entspannen gehen soll. Darum sollte das, was Sie von Ihrem Partner / Ihrer Partnerin verlangen, ihn/sie nicht zu weit aus seiner/ ihrer Komfortzone herausholen. Mal Sushi zu probieren, ist das eine, mit dem Fallschirm aus einem Flugzeug zu springen, dagegen wahrscheinlich doch etwas zu viel des Guten.

Zur Vorbereitung kann jeder von Ihnen eine Liste mit vier oder fünf Dingen erstellen, die der andere noch nie gemacht hat, und ihn dann wählen lassen, was er ausprobieren will. Auf dieser Liste kann alles Mögliche stehen, von einer Runde Golf über eine Maniküre oder Pediküre bis hin zum Probetraining im Fitnessstudio oder Angeln.

Bevor Sie etwas Neues wagen, können Sie dem anderen sagen, mit welchem Gefühl Sie die Sache angehen – zum Beispiel, welche Vorurteile Sie diesbezüglich haben. Und hinterher sollte ein Bericht folgen, wie es für Sie gewesen ist. Hat es Ihnen gefallen? Wurden Ihre Vorurteile bestätigt oder infrage gestellt? Würden Sie es noch einmal machen? Sind Sie durch diese Erfahrung offener geworden und daher eher bereit, Ihre vorgefertigten Meinungen zu überdenken?

Seien Sie ehrlich und rücksichtsvoll. Wenn sich Ihre Vorurteile als falsch erwiesen haben, sollten Sie sich das eingestehen. Wenn diese jedoch bestätigt wurden, sollten Sie kein triumphierendes »Ich hab's ja gewusst« von sich geben. Vergessen Sie nicht, dass Ihr/e Partner/in das, was Sie gerade gemacht haben, mag. Wenn Sie es herabwürdigen, dann treffen Sie ihn/sie mit einer solchen Bemerkung.

 ## Die richtige Sprache sprechen

Wenn Zweisamkeit die wichtigste Liebessprache Ihres Partners / Ihrer Partnerin ist, dann tun Sie ihm/ihr etwas Gutes, wenn Sie die Sache mit der richtigen Einstellung angehen. Zeigen Sie Begeisterung, Neugier und Interesse für das, was Sie tun – einfach, weil es etwas ist, das Ihrem Partner / Ihrer Partnerin gut gefällt und das er/sie nun mit Ihnen teilt.

 ## Den »Dritten im Bunde« miteinbeziehen

Lesen Sie gemeinsam Josua 1,9:

»Ja, ich sage es noch einmal: Sei mutig und entschlossen! Lass dich nicht einschüchtern und hab keine Angst! Denn ich, der HERR, dein Gott, stehe dir bei, wohin du auch gehst.«

Wenn Sie möchten, verwenden Sie die folgenden Fragen und die Denkanstöße in Klammern als Grundlage für Ihr Gespräch über diesen Bibelvers:

> ➤ Gott spricht zu Josua, der nach Moses Tod zu dessen Nachfolger geworden ist und das Volk Israel führen soll. Josua erhält die Aufgabe, das zu tun, wozu Mose nicht mehr in der Lage gewesen ist: die Israeliten in das ver-

heißene Land zu bringen und die Völker zu vertreiben, die dort angesiedelt sind. Wenn man diese Umstände betrachtet: Mit welchen Ängsten hatte Josua wohl zu kämpfen? (Er sollte einen der größten Leiter ersetzen, die es je gegeben hat. Das Volk, für das er die Verantwortung übernommen hatte, war unberechenbar. Die Feinde, mit denen sie es zu tun bekommen würden, waren mächtig und furchterregend.)

> Warum waren diese Befürchtungen jedoch letztendlich gar nicht so wichtig? (Gott versprach, Josua und das Volk Israel Schritt für Schritt zu begleiten.)

> Warum ist es wichtig festzuhalten, dass Gott Josua und den Israeliten nicht versprochen hat, sie vor allen Gefahren zu bewahren, die vor ihnen lagen? (Gott möchte, dass wir uns schwierigen Situationen und Lebensumständen, die uns Angst einjagen, stellen. Auf diese Weise lernen wir, ihm zu vertrauen – indem wir uns auf ihn verlassen, wenn uns der Mut und die Kraft fehlen.)

Beten Sie gemeinsam. Danken Sie Gott nicht nur für seinen Schutz, sondern auch dafür, dass er Sie in Situationen führt, die Ihren Glauben auf die Probe stellen und Sie näher zu ihm bringen. Bitten Sie ihn um Weisheit und einen klaren Verstand, damit Sie in jeder Situation, die Ihnen begegnet, seine Gegenwart erkennen.

Lesetipp

Andacht aus der *Bibel für Paare,* S. 234 b (»Worauf vertrauen wir?«)

24. Ausmisten im kleinen Stil

Reduzieren – das Leben leichter machen, indem man sich von Überflüssigem befreit – ist immer eine gute Idee. Sie beide könnten sich von Dingen trennen, die Sie nicht mehr brauchen, indem Sie sich einen bestimmten Teil Ihres Hauses für eine gründliche Durchsicht vornehmen.

Das Tüpfelchen auf dem i

Wenn Sie mit Ihrem Entrümpelungsabenteuer den bestmöglichen Gewinn erzielen möchten, könnten Sie einen Garagen-Flohmarkt vorbereiten oder einen Standplatz auf einem Trödelmarkt in Ihrer Umgebung buchen. Wählen Sie die Dinge aus, die Sie loswerden wollen, und bringen Sie gleich Preisschilder an. Wenn Sie den Erlös später unter den Mitgliedern Ihrer Familie aufteilen möchten, könnten Sie dafür Etiketten in verschiedenen Farben benutzen, um zu kennzeichnen, was wem gehört hat.

Eine andere Möglichkeit wäre es, den Erlös des Flohmarkt-verkaufs für einen bestimmten Zweck zu verwenden, sei es ein

Familienausflug, ein Missionsprojekt Ihrer Gemeinde oder etwas ganz anderes.

Zum Ablauf

Suchen Sie sich einen Bereich Ihres Hauses aus, den Sie entrümpeln wollen. Je nachdem, wie viel Zeit und Ehrgeiz Sie haben, könnte es ein einzelnes Zimmer sein, ein Schrank oder ein Teil Ihres Kellers. Sobald Sie den Ort bestimmt haben, gehen Sie an die Arbeit. Halten Sie genügend Kartons und Taschen bereit, um die aussortierten Gegenstände leicht abtransportieren zu können.

Anregungen dafür, nach welchen Grundsätzen und Strategien Sie vorgehen können, finden Sie in Ratgebern oder im Internet. Suchen Sie sich eine Vorgehensweise, die Ihnen zusagt.

Allerdings sollten Sie bei Ihrer Aktion eine Regel auf jeden Fall beachten: Egal, welchen Teil Ihres Hauses Sie ausmisten, bringen Sie es zu Ende. Wenn Sie einen Stapel Papiere zum Abheften beiseitegelegt haben, dann heften Sie diese ab. Wenn Sie Dinge für ein Sozialkaufhaus aussortiert haben, laden Sie diese in Ihr Auto und bringen Sie sie dorthin. Verschieben Sie nicht die Hälfte Ihrer Aktion auf einen anderen Tag. Wenn Ihre Entrümpelung in kleinem Stil erfolgreich war, stärkt das Ihr Selbstvertrauen und Ihre Motivation, in der Zukunft auch etwas Größeres in Angriff zu nehmen.

Die richtige Sprache sprechen

Manchen Menschen fällt es schwer, sich von Dingen zu trennen. Wenn Ihr/e Partner/in auch so gestrickt ist, sollten Sie sensibel damit umgehen. Sprechen Sie miteinander. Versuchen Sie, die Gefühle Ihres Partners / Ihrer Partnerin zu verstehen. Seien sie kompromissbereit, wenn Sie sich nicht einig sind, ob Sie einen bestimmten Gegenstand behalten sollen oder nicht. Wenn Zweisamkeit die wichtigste Liebessprache Ihres Partners / Ihrer Partnerin ist, wird er/sie die Zeit, die Sie damit verbringen, mit ihm/ihr über seine/ihre Gefühle zu sprechen, als Liebesbeweis verstehen.

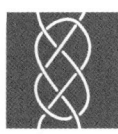

Den »Dritten im Bunde« miteinbeziehen

Lesen Sie gemeinsam 1. Korinther 14,33:

»Denn Gott will keine Unordnung, er will Frieden.«

Wenn Sie möchten, verwenden Sie die folgenden Fragen und die Denkanstöße in Klammern als Grundlage für Ihr Gespräch über diesen Bibelvers:

> ➤ In dem Vers geht es darum, wie die Ordnung im Gottesdienst aufrechterhalten werden kann. Schauen Sie sich die Verse 26-40 an. Wodurch kann im Gottesdienst Unordnung ausgelöst werden? (Bestimmte Geistesgaben wie zum Beispiel die Zungenrede sollen nur in Verbindung mit anderen Gaben eingesetzt werden, wie

zum Beispiel der Übersetzung der Zungenrede. Ohne die dazugehörige Gabe kann der Gottesdienst chaotisch werden.)

> Worin zeigt sich Gottes Ordnungsliebe noch? (Die Art, wie alles in der Schöpfung miteinander verwoben ist, und die enge Verbindung, die zwischen allem Leben auf diesem Planeten besteht, sind Zeichen der Ordnungsliebe Gottes.)

> In welchen Bereichen kann Unordnung Probleme verursachen? (Beziehungen können dadurch erschwert werden. Menschen, die ein chaotisches Beziehungsleben haben, beeinträchtigen damit häufig auch ihr Umfeld. Auch im Beruf kann sich eine mangelnde Ordnungsliebe negativ auswirken.)

> Wie können wir selbst die Ordnung aufrechterhalten, wenn alles um uns herum chaotisch ist? (Das geht nur, wenn wir uns die Ordnung dauerhaft zur Priorität machen. Ein übervoller Terminkalender, ein zu großer Berg an Verpflichtungen und die Ablenkung durch die sozialen Netzwerke und digitalen Geräte können unseren Beziehungen empfindlich zusetzen. Wenn wir uns nicht bewusst Zeit nehmen für die Menschen, die wir lieben – und zwar ohne Ablenkungen und andere Verpflichtungen –, droht ständig das Chaos.)

Beten Sie gemeinsam. Danken Sie Gott für die wunderbare Ordnung, die er seiner Schöpfung gegeben hat. Bitten Sie ihn, dass er Ihnen ein Herz für die Ordnung in all Ihren Beziehungen schenkt.

Lesetipp

Andacht aus der *Bibel für Paare*, S. 1412 b (»Gleichwertige Partner«)

25. Ich wünsche mir ...

Die meisten Wunschlisten drehen sich um materielle Dinge – Kleider, Spielsachen, Werkzeuge –, vor allem dann, wenn Weihnachten oder ein Geburtstag vor der Tür steht. Hier haben Sie nun die Gelegenheit, gegen den Strom zu schwimmen. Erstellen Sie beide jeweils eine Wunschliste, die nichts Materielles enthält, sondern nur Dinge, die Sie gerne tun würden oder von denen Sie gern hätten, dass jemand sie für Sie tut. Tauschen Sie Ihre Listen dann miteinander.

Das Tüpfelchen auf dem i

Bestimmt kennen Sie mindestens ein oder zwei Dinge, die Ihr/e Partner/in sich wahrscheinlich wünschen wird. Oft lassen wir im Alltag hier und da ein paar Hinweise fallen, ohne dass uns das selbst bewusst ist. Wir sagen zum Beispiel: »Ich würde mich so gern mal wieder mit meiner Schwester treffen« oder »Es wäre schön, wenn ich endlich Zeit hätte, den Keller aufzuräumen« oder »Ich würde so gern demnächst mal wieder ins Freibad / zum Golfplatz / zum Markt / ins Kino gehen.«

All dies sind mögliche Punkte auf einer Wunschliste. Wenn Sie auf die verbalen und nonverbalen Signale achten, die Ihr/e Partner/in zum Ausdruck bringt, können Sie vielleicht einiges erahnen, was er/sie auf der Wunschliste vermerken wird. Auf diese Weise könnten Sie ihm/ihr den Wunsch erfüllen, noch bevor er aufgeschrieben ist. So können Sie Ihre/n Partner/in mit Ihrer perfekten Voraussicht überraschen.

Zum Ablauf

Für diese Aktion benötigen Sie nicht viel Vorbereitungszeit und nur wenig Material – zumindest für den grundlegenden Teil. Alles, was Sie brauchen, sind zwei Blatt Papier und Stifte. Nehmen Sie sich gemeinsam Zeit, um Ihre jeweilige Wunschliste zu erstellen.

Was auf der Liste steht, hängt von Ihrer persönlichen Situation ab. Hier ein paar Anregungen:

- »Ich wünschte, wir könnten mal wieder ein Familienfoto machen.«
- »Es wäre schön, wenn wir unseren neuen Grill mit der ganzen Familie einweihen könnten.«
- »Am liebsten würde ich den kompletten nächsten Samstag im Garten verbringen.«
- »Ich würde meinen Vater gern vor seiner Operation noch besuchen.«
- »Wenn ich doch nur die Zeit hätte, für den Halbmarathon zu trainieren.«

Sobald Ihre beiden Listen fertig sind, sollten Sie sich über das austauschen, was Sie notiert haben. Sprechen Sie miteinander darüber, warum Ihnen der einzelne Wunsch so viel bedeutet und wie lange Sie ihn schon haben. Nach diesen Vorüberlegungen beginnt dann das eigentliche Vergnügen: Schmieden Sie Pläne, wie Sie möglichst viele der Wünsche auf Ihren Listen erfüllen können.

Die richtige Sprache sprechen

Wenn Zärtlichkeit die wichtigste Liebessprache Ihres Partners / Ihrer Partnerin ist, können Sie die Aktion für ihn/sie besonders schön machen, indem Sie auf Ihrer Wunschliste etwas aufschreiben, was mit viel Körperkontakt verbunden ist. Zum Beispiel: »Ich möchte lernen, dir eine ultraentspannende Massage zu geben.« Dann können Sie eine »Trainingssession« planen, bei der Sie unterschiedliche Massagetechniken bei Ihrem Partner / Ihrer Partnerin ausprobieren.

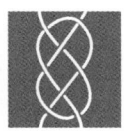

Den »Dritten im Bunde« miteinbeziehen

Lesen Sie gemeinsam die folgenden Bibelstellen:

> › Johannes 15,7: »Wenn ihr fest mit mir verbunden bleibt und euch meine Worte zu Herzen nehmt, dürft ihr von Gott erbitten, was ihr wollt; ihr werdet es erhalten.«

> › Matthäus 7,7: »Bittet Gott, und er wird euch geben! Sucht, und ihr werdet finden! Klopft an, und euch wird die Tür geöffnet!«

Wenn Sie möchten, verwenden Sie die folgenden Fragen und die Denkanstöße in Klammern als Grundlage für Ihr Gespräch über diese Verse:

> - Was bedeutet es, »fest mit dem Herrn verbunden zu bleiben« und sich seine »Worte zu Herzen zu nehmen«? (Es bedeutet, seinen Willen zu unserer obersten Priorität zu machen.)
> - Was hält uns davon ab, im Gebet zu bitten, zu suchen und anzuklopfen? (Manchmal unterschätzen wir Gottes Wunsch, uns etwas Gutes zu tun. Und manchmal halten uns die Ablenkungen und Hindernisse, die das Leben uns in den Weg stellt, davon ab, regelmäßig Gebetszeiten einzulegen.)
> - Wie finden wir heraus, für welche Dinge wir beten und welche wir selbst in die Hand nehmen sollen? (Manchmal meinen wir, wir könnten Gott im Gebet nicht mit »Kleinigkeiten« kommen. Wenn uns etwas ganz einfach erscheint und wir denken, dass es in unserem Einflussbereich liegt, dann kümmern wir uns am liebsten selbst darum. Auf diese Weise verpassen wir jedoch die Chance, Gott in wirklich alles einzubeziehen.)
> - Wie können wir es vermeiden, dass unsere Gebete zu einer Wunschliste werden? (Eine Möglichkeit bestünde darin, unsere Bitten erst am Ende unserer Gebetszeit zu nennen – nachdem wir Gott angebetet und ihn gelobt haben, unsere Sünden bekannt und ihm für seine Güte gedankt haben.)

Beten Sie gemeinsam. Danken Sie Gott dafür, dass er uns offen einlädt, unsere Bitten, Wünsche und Sorgen im Gebet vor ihn zu bringen. Bitten Sie ihn, dass er Ihnen hilft, das Beste aus Ihrer Gebetszeit zu machen.

Lesetipp

Andacht aus der *Bibel für Paare,* S. 312 b (»Füreinander einstehen«)

26. Memes für dich

Memes – Bilder, Texte oder kurze Videoclips, die eine Botschaft kurz und knackig übermitteln – erfreuen sich in den sozialen Medien großer Beliebtheit. Greifen Sie auf diesen Trend zurück, indem Sie und Ihr/e Partner/in Memes miteinander austauschen, die für Sie jeweils eine besondere Bedeutung haben.

Das Tüpfelchen auf dem i

Im Internet finden Sie viele verschiedene Seiten, auf denen man Memes gestalten kann. Meistens kann man dort einem bereits vorhandenen Foto oder einer Illustration Texte hinzufügen oder man lädt ein eigenes Bild hoch, mit dem man dann entsprechend verfährt. Wählen Sie die Option, die für Sie am besten geeignet ist, um ein originelles Meme speziell für Ihre/n Partner/in zu gestalten.

Sie müssen das Ergebnis nicht unbedingt mit anderen teilen, wenn Sie beide es lieber für sich behalten wollen. Sie können es also allein für Ihre persönliche Kommunikation nutzen. Das Ziel besteht einfach nur darin, etwas Einfallsreiches zu schaffen, das Ihre Gefühle zueinander zum Ausdruck bringt.

Zum Ablauf

Um die Spannung ein wenig zu steigern, könnten Sie ein Zeitlimit vereinbaren. Geben Sie sich dreißig Minuten, um drei Memes zu finden, die Ihre/n Partner/in beschreiben oder seine/ihre Ansichten widerspiegeln – und dann weitere dreißig Minuten, um drei entsprechende Memes für sich selbst zu finden. Die Memes können ernst oder lustig sein, politisch, auf die Elternrolle bezogen oder ganz persönlich – solange sie zutreffend sind und nicht beleidigend aufgefasst werden könnten.

Wenn die Zeit um ist, tauschen Sie Ihre Memes aus. Interessant wird es bei der Frage, ob Sie auf ähnliche Themen füreinander oder für sich selbst gestoßen sind. Sprechen Sie miteinander über das, was die Memes über Sie aussagen. Oder was sie *nicht* aussagen. Welche Aspekte Ihres Charakters und Ihrer Persönlichkeit würden verloren gehen, wenn jemand sich nur aufgrund Ihrer Memes eine Meinung über Sie bilden würde?

Wenn Sie Ihre Diskussion noch vertiefen wollen, könnten Sie sich darüber unterhalten, was geschieht, wenn Sie Memes verwenden. Auf der einen Seite können wir jemanden zum Lachen bringen oder unsere persönlichen Macken zugeben, mit denen auch andere sich identifizieren können. Aber gibt es auch eine negative Seite, wenn wir für unsere Kommunikation abgekürzte Wege wie Memes benutzen? Können diese zum Hindernis für ernste und tiefere Gespräche werden?

Die richtige Sprache sprechen

Es heißt, ein Bild sagt mehr als tausend Worte. Wenn ein Meme als Bild gelten kann, können Sie Ihrem Partner / Ihrer Partnerin also Tausende Worte des Lobs und der Anerkennung mit nur ein paar liebevoll ausgewählten Memes zukommen lassen. Wenn Sie keine finden, die genau das vermitteln, was Sie aussagen wollen, dann gestalten Sie selbst welche. Teilen Sie diese privat oder öffentlich, je nachdem, was Ihr/e Partner/in besser findet.

Den »Dritten im Bunde« miteinbeziehen

Lesen Sie gemeinsam Sprüche 26,18-19:

»Wer einen anderen betrügt und dann sagt: ›Ich habe doch nur Spaß gemacht!‹, der ist wie ein Verrückter, der mit tödlichen Waffen um sich schießt!«

Wenn Sie möchten, verwenden Sie die folgenden Fragen und die Denkanstöße in Klammern als Grundlage für Ihr Gespräch über diesen Vers:

> ➤ Warum kann jemand, der über die falschen Dinge scherzt, »wie ein Verrückter [sein], der mit tödlichen Waffen um sich schießt«? (Betrügerische Worte hinterlassen oft eine Spur der Verwüstung und des Kummers. Wenn wir ausgelacht werden oder wenn unsere Gefühle und Überzeugungen durch Witze herabge-

würdigt werden, kann das eine sehr schmerzvolle Erfahrung sein.)

> Was ist so schlimm an dem Satz: »Ich habe doch nur Spaß gemacht«? (Nicht alle Menschen haben denselben Sinn für Humor. Was der eine als Scherz betrachtet, ist für den anderen bitterer Ernst. »Im Spaß wird viel Wahres gesagt«, lautet ein altes Sprichwort. Wenn wir meinen, wir hätten doch nur Spaß gemacht, ignorieren wir damit den Schmerz, den wir vielleicht unbedacht verursacht haben.)

> Warum findet so viel bissiger Spott Eingang in die sozialen Netzwerke? (Der unpersönliche und anonyme Charakter der sozialen Netzwerke ermutigt Menschen dazu, Dinge zu sagen, die sie von Angesicht zu Angesicht nie über die Lippen bringen würden.)

Beten Sie miteinander. Danken Sie Gott für die Möglichkeiten, Menschen durch die sozialen Medien zu erreichen. Bitten Sie ihn, Sie durch den Heiligen Geist so zu leiten, dass Ihre Worte für andere aufbauend und ermutigend sind und ihnen seine Weisheit und Wahrheit vermitteln.

Lesetipp

Andacht aus der *Bibel für Paare*, S. 724 a (»Klatsch und Tratsch«)

27. Lebensretter

Sind Sie bei einem Notfall in der Lage zu helfen, bis das medizinische Personal eintrifft? Wüssten Sie, was zu tun ist, wenn jemand nicht mehr atmet? Hier haben Sie und Ihr/e Partner/in die Gelegenheit, gemeinsam Ihre Kenntnisse aufzufrischen, was lebensrettende Maßnahmen angeht, die vielleicht eines Tages über Leben und Tod entscheiden können?

Das Tüpfelchen auf dem i

Diese Idee ist auch als Langzeitprojekt denkbar. Sie können richtige Ersthelfer werden und sich zu Ausbildern qualifizieren lassen und Ihren Kindern, weiteren Familienangehörigen, Freunden und Nachbarn zeigen, wie man Leben rettet. Auch an Ihrem Arbeitsplatz können Sie sich dafür einsetzen, dass Erste-Hilfe-Kurse stattfinden. So bilden Sie eine kleine Armee von Lebensrettern aus – Menschen, die im Notfall eingreifen und die Situation maßgeblich verändern können. Wie viele Leben können dadurch positiv beeinflusst werden!

Zum Ablauf

Am besten beginnen Sie damit, dass Sie sich bei Hilfsorganisationen in Ihrer Umgebung nach Erste-Hilfe-Kursen erkundigen. Hier haben Sie häufig mehrere Optionen, darunter auch Online-Kurse. In der Regel stehen auch Reanimationsmaßnahmen auf dem Programm, durch die bereits zahlreiche Leben gerettet werden konnten.

Eine weitere Möglichkeit sind Lehrgänge, in denen Laien Kenntnisse im Umgang mit medizinischen Krisensituationen vermittelt werden. Hier erlernen Sie beide die neuesten Erste-Hilfe-Maßnahmen, zum Beispiel bei einem Asthma-Anfall, einem allergischen oder diabetischen Schock, einem Herzinfarkt, Schlaganfall oder epileptischen Anfall. Sie erfahren auch, wie man bei Erstickungsgefahr, schweren Verbrennungen, Schnittverletzungen oder Vergiftungen hilft.

Einer der Vorteile Ihrer gemeinsamen Ausbildung besteht darin, jemanden zu haben, mit dem man den nötigen Stoff zusammen lernen und – was noch wichtiger ist – üben kann. (Letzteres ist vor allem dann von besonderer Bedeutung, wenn für Ihre/n Partner/in Zärtlichkeit die Muttersprache der Liebe ist.)

Was könnte schöner sein, als sich gemeinsam darauf vorzubereiten, anderen Menschen auf entscheidende Weise zu helfen?

 ## Die richtige Sprache sprechen

Wenn Geschenke die wichtigste Liebessprache Ihres Partners / Ihrer Partnerin sind, können Sie ihm/ihr durch ein einfaches, preiswertes Geschenk Ihre Liebe zeigen. Kaufen Sie etwas, das mit Ihrem Erste-Hilfe-Kurs in Zusammenhang steht und das Sie in der Jackentasche, der Handtasche oder im Handschuhfach Ihres Autos immer dabeihaben können. Anbieten würde sich zum Beispiel eine Packung Pflaster oder ein ganzes persönlich zusammengestelltes Notfallset.

 ## Den »Dritten im Bunde« miteinbeziehen

Lesen Sie gemeinsam Lukas 9,1-6, wo berichtet wird, wie Jesus seine Jünger aussendet, um das Reich Gottes zu verkünden und Menschen zu heilen:

»Jesus rief seine zwölf Jünger zusammen und gab ihnen die Kraft und die Vollmacht, alle Dämonen auszutreiben und Krankheiten zu heilen (Vers 1).«

Wenn Sie möchten, verwenden Sie die folgenden Fragen und die Denkanstöße in Klammern als Grundlage für Ihr Gespräch über diesen Bibeltext:

> Zu welchen Diensten bevollmächtigte Jesus seine Jünger? (Er gab ihnen die Vollmacht, Dämonen auszutreiben, Krankheiten zu heilen und die Botschaft vom Reich Gottes zu verkünden.)

> Woher wussten die Jünger, wie man Dämonen austreibt und Kranke heilt? (Markus 9,14-29 gibt uns einen kleinen Einblick in die »Ausbildung« der Jünger. In dem Text geht es darum, dass es einigen von ihnen nicht gelang, bei einem Jungen einen Dämonen auszutreiben. Als Jesus davon erfährt, treibt er ihn selbst aus. Hinter-

her fragen ihn die Jünger, was sie falsch gemacht haben. »Solche Dämonen können nur durch Gebet ausgetrieben werden«, erklärt Jesus ihnen [Vers 29]. Hier wird deutlich, dass die Jünger Jesus um Rat fragen durften. Sie konnten ihn nicht nur Tag für Tag beobachten, sondern erhielten von ihm auch eine intensive Ausbildung für ihren Dienst.)

> Warum hat Jesus Ihrer Meinung nach seinen Jüngern den Auftrag gegeben, den Menschen sowohl geistlich als auch körperlich zu helfen? (Die Linderung der physischen Leiden öffnete den Menschen das Herz für die geistliche Botschaft. Jesus wollte ihnen zeigen, dass er sich in jeder Hinsicht um ihr Wohlergehen kümmert.)

> Warum ist ein praktischer Dienst so wirksam? (Nichts vermittelt Liebe so stark wie ein Dienst, der sich der dringendsten Bedürfnisse eines Menschen annimmt. Wenn wir uns sozusagen die Hände schmutzig machen, um jemandem in Not zu helfen, dann sagt das mehr über den Herrn aus, dem wir dienen, als Worte es könnten.)

Beten Sie gemeinsam. Danken Sie Gott, dass er Ihr ewiges Leben gerettet hat. Bitten Sie ihn, dass er Sie zu einem Werkzeug seiner Heilung macht, indem er Ihnen hilft, bereit zu sein und zu handeln, wenn Menschen in Not sind.

Lesetipp

Andacht aus der *Bibel für Paare,* S. 208 b (»Gemeinsam dienen«)

28. Wie viel schneller geht's?

Wie schnell können Sie nach einer größeren Mahlzeit die Küche aufräumen? Wie lange brauchen Sie, um Ihr Auto innen und außen zu putzen? Wie viel Zeit ist nötig, um mit höchster Geschwindigkeit jeden Mülleimer in Ihrem Haus zu leeren? Mit dieser Aktion können Sie diese und andere Fragen beantworten. Finden Sie zusammen mit Ihrem Partner / Ihrer Partnerin – und gelegentlich auch im Wettkampf mit ihm/ihr – heraus, wie schnell Sie Haushaltsarbeiten erledigen können.

Das Tüpfelchen auf dem i

Wenn Sie diese Aktion noch ausbauen wollen, können Sie sich darin versuchen, Rekorde aufzustellen. Dazu sollten Sie ungefähr einschätzen können, wie lange man für eine bestimmte Aufgabe normalerweise braucht. Wenn Sie also das nächste Mal das Wohnzimmer saugen, das Geschirr abwaschen, die Mülleimer leeren, die Toilette putzen, die Dachrinne säubern oder die Möbel abstauben, stoppen Sie die Zeit. Finden Sie heraus, wie lange Sie brauchen, um die jeweilige Aufgabe zu erledigen, wenn Sie in einem gemütlichen Tempo arbeiten. Halten Sie die Zeiten in einem Notizbuch oder in Ihrem Smartphone fest. In Ihrer gemeinsamen Aktion geht es dann darum, diese Zeiten so weit wie möglich zu unterbieten.

Zum Ablauf

Manche Ideen aus diesem Buch können als besondere Ereignisse geplant werden; andere ergeben sich vielleicht spontan, um Routineereignisse oder langweilige Situationen etwas spannender zu gestalten. Dieser Vorschlag gehört in die zweite Kategorie. Die Routineereignisse sind hier die wöchentlichen Arbeiten im Haushalt, und zwar diejenigen, die einen ganzen Samstag verschlingen können. Sie können diese Aufgaben nicht vermeiden – jedenfalls nicht, ohne dass das auf Dauer üble Folgen hätte –, aber Sie können sie interessanter gestalten, indem Sie sie in einen Wettbewerb verwandeln.

Alles, was Sie dazu brauchen, ist eine Stoppuhr und eine Liste mit den Dingen, die Sie erledigen müssen. Stoppen Sie die Zeit, um zu sehen, wie schnell Sie die jeweiligen Aufgaben abschließen können. Hinterher vergleichen Sie die Ergebnisse, während Sie Ihren Erfolg mit einer Pizza oder einem Eis feiern.

Natürlich nützt alle Schnelligkeit nichts, wenn die Aufgabe nicht gründlich genug erledigt wird. Sie müssen also auch bestimmte Qualitätsstandards erfüllen. Wenn Sie und Ihr/e Partner/in getrennt arbeiten, könnten Sie vereinbaren, dass Sie Ihre Arbeit gegenseitig inspizieren und für gut befinden müssen, damit eine Zeit in die Wertung einfließen kann. Wenn Sie diesen Aspekt bis ins Extrem weiterführen wollen, könnten Sie für unvollständig ausgeführte Arbeiten Zeitstrafen in Höhe von fünfzehn, dreißig oder sechzig Sekunden verhängen.

Wenn Sie Ihre Zeiten für jede Aufgabe aufschreiben, können Sie daraus für Ihre Familie ein »Buch der Rekorde« machen. Notieren Sie neben jeder Arbeit, die im Haushalt zu erledigen ist, die Bestzeit, in der diese ausgeführt wurde. Bewahren Sie das Buch an einem Ort auf, wo alle es einsehen können – zur Motivation für die eigene Arbeit im Haushalt.

 ## Die richtige Sprache sprechen

Wenn Zweisamkeit die wichtigste Liebessprache Ihres Partners / Ihrer Partnerin ist, dann können Sie den Arbeitstag im Haushalt zu etwas Besonderem machen, indem Sie alles als Team angehen. Es kann viel Spaß machen, sich gemeinsam die effektivsten Methoden auszudenken, wie Sie die verschiedenen Aufgaben zusammen oder nebeneinander schnellstmöglich bewältigen können.

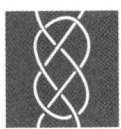 ## Den »Dritten im Bunde« miteinbeziehen

Lesen Sie gemeinsam Kolosser 3,23-24:

»Denkt bei allem daran, dass ihr letztlich für ihn und nicht für die Menschen arbeitet. Als Lohn dafür wird er euch das Erbe geben, das er versprochen hat. Das wisst ihr ja. Denn Jesus Christus ist euer wahrer Herr!«

Wenn Sie möchten, verwenden Sie die folgenden Fragen und

die Denkanstöße in Klammern als Grundlage für Ihr Gespräch über diesen Bibeltext:

> Worin besteht der Unterschied, ob wir für Menschen oder für Gott arbeiten? (Menschen behandeln andere oft ungerecht. Sie versuchen sie auszunutzen und erkennen oft nicht deren Potenzial. Gott dagegen kennt unser Potenzial genau, denn er hat es uns ja gegeben.)

> Was bedeutet es konkret, bei allem letztendlich für den Herrn zu arbeiten? (Wir setzen die Gaben ein, die Gott uns geschenkt hat. Wir geben uns so viel Mühe, wie wir es uns auch von anderen Menschen uns gegenüber wünschen würden. Wir suchen nach Möglichkeiten, anderen zu helfen. Wir geben Gott die Ehre.)

> Was geschieht, wenn andere Menschen bei uns eine Arbeitsethik erkennen, die Gott die Ehre gibt? (Zum einen gewinnen wir ihren Respekt. Die meisten Menschen haben Achtung vor jemandem, der bereit ist, hart zu arbeiten. Viel wichtiger aber ist, dass wir dadurch den Blick der Menschen auf den Gott lenken, dem wir dienen – auf den Einen, der uns die Gaben und Fähigkeiten für unsere Arbeit gegeben hat.)

Beten Sie gemeinsam. Danken Sie Gott, dass Sie für ihn arbeiten dürfen – und für das Erbe, das er für uns bereithält. Bitten Sie ihn, dass er Ihnen hilft, sich auf die Arbeit für ihn zu konzentrieren und sich nicht von weniger wichtigen Dingen ablenken zu lassen.

Lesetipp

Andacht aus der *Bibel für Paare,* S.102 b (»Die richtige Arbeitsmoral«)

29. Regen – na und?

Der Regen hat einen schlechten Ruf. Er gilt als Spielverderber – weil er der Grund ist, warum so manches Sportereignis, Picknick oder sonstiges Freizeitvergnügen wortwörtlich ins Wasser fällt. Hier haben Sie nun die Gelegenheit, Ihre Wahrnehmung zu ändern. Statt wegen schlechten Wetters Ihre Pläne zu ändern, nehmen Sie sich etwas vor, das durch einen kräftigen Schauer erst so richtig Spaß macht.

Das Tüpfelchen auf dem i

Drehen Sie Ihr eigenes Musikvideo zu dem bekannten alten Song »Singing in the Rain«. Wenn es draußen gießt, besuchen Sie interessante Orte in Ihrer Umgebung und nehmen überall ein Stückchen des Liedes auf. Singen Sie selbst oder machen Sie Lippenbewegungen zu einem Playback, während um sie herum der Regen niederprasselt. Wenn Sie zwei Schirme und zwei Filzhüte haben und einen passenden Laternenpfahl finden, können Sie sogar einen Teil von Gene Kellys berühmtem Tanz aus dem dazugehörigen Film nachtanzen. Schneiden

Sie Ihre Clips zusammen und teilen Sie das Video mit Ihren Freunden und Familienmitgliedern.

Zum Ablauf

Was Sie an diesem Regentag unternehmen wollen, hängt ganz von Ihrem Wohnort und Ihren Interessen ab. Wenn Sie in der Nähe eines Gewässers wohnen, könnten Sie einen Spaziergang am Ufer planen. Oder noch besser: Gehen Sie baden oder lassen Sie sich auf Luftmatratzen treiben. Solange es nicht gewittert – warum nicht?

Wenn kein Gewässer zur Verfügung steht, planen Sie eine Wanderung in einem nahe gelegenen Wald oder Park. Dort sind Sie unter den Bäumen auch ein wenig geschützt – ganz zu schweigen vom wunderbaren Klang der Regentropfen, die auf die Blätter fallen.

Sofern Sie sportlich veranlagt sind, könnten Sie auch ein Tennismatch im Regen austragen oder Ihren Partner / Ihre Partnerin zu einem Zweier-Basketballturnier herausfordern. Sie können auch eine längere Strecke joggen. Oder auf dem nassen Gras einen Hügel hinunterrutschen. Wenn Sie einen Hund haben, der Regen liebt, beziehen Sie ihn doch in Ihr Regenabenteuer mit ein.

 ## Die richtige Sprache sprechen

Wenn die wichtigste Liebessprache Ihres Partners / Ihrer Partnerin Zweisamkeit ist, können Sie das Ganze für ihn/sie zu einem besonderen Erlebnis machen, indem Sie einen Teil des

Tages damit verbringen, gemeinsam Fotos zu machen. Egal, wohin Sie an diesem Regentag gehen und was Sie unternehmen, halten Sie alles auf Bildern fest. Verbringen Sie eine besondere Zeit miteinander, indem Sie gemeinsam die Motive festlegen und für die Aufnahmen posieren.

Den »Dritten im Bunde« miteinbeziehen

Lesen Sie gemeinsam Psalm 72,1-7. In diesem Text bittet Salomo, der neue König von Israel, den Herrn darum, seine Regierungszeit zu segnen, damit es seinem Volk gut geht. In Vers 6 betet Salomo in Bezug auf sich selbst: »Seine Herrschaft sei wohltuend wie der Regen, der auf die Wiesen niedergeht, wie erfrischende Schauer, die trockene Felder bewässern.«

Wenn Sie möchten, verwenden Sie die folgenden Fragen und die Denkanstöße in Klammern als Grundlage für Ihr Gespräch über diesen Bibeltext:

> Warum verwendete Salomo wohl das Bild des Regens, der auf die Wiesen niedergeht? (Regen erfrischt den Erdboden nicht nur, sondern er sorgt auch für Wachstum. Salomo wollte dazu beitragen, dass Israel aufblühen und sein volles Wachstumspotenzial entfalten konnte.)

> Wie reagierte Gott auf Salomos Bitte? (Er segnete Salomo überreich – nicht nur mit Weisheit, sondern auch mit Reichtum und Macht. Unter Salomos Herrschaft erreichte Israel den Höhepunkt an Macht, Einfluss, Wohlstand und Sicherheit.)

> Was können wir aus den Worten von Psalm 72 über das

Gebet lernen? (Salomo bat Gott, ihn so auszurüsten, dass er ihm wirksam dienen und das Leben anderer Menschen positiv verändern konnte. Ein solches Gebet gefällt Gott.)

> Salomo war in einer Situation, in die die wenigsten Menschen kommen. Er wurde als König auserwählt. Warum sind seine Worte aus Psalm 72 auch für andere Menschen von Bedeutung, die keine so hohe Verantwortung tragen? (Die meisten Menschen hätten auch gern viel Einfluss über andere. Vor allem Eltern wären froh, wenn sie auf ihre Kinder so einwirken könnten wie Salomo auf sein Land. Pastoren und Gemeindeleiter würden ihre Gemeinden gern in eine gute Richtung lenken.)

Beten Sie gemeinsam. Danken Sie Gott, dass er Ihnen die Gelegenheit gibt, das Leben anderer Menschen positiv zu beeinflussen. Verwenden Sie die Teile aus Salomos Psalm, die Sie am meisten ansprechen, als Grundlage für Ihr Gebet um Gottes Führung und seinen Segen, wenn Sie anderen Menschen Gutes tun wollen.

Lesetipp

Andacht aus der *Bibel für Paare,* S. 480 b (»Wer macht was?«)

30. Unsere gefiederten Freunde

Das Thema für diese Aktion lautet: Vögel. Insbesondere soll es darum gehen, wie Gott selbst für seine kleinsten Geschöpfe sorgt, für die im Evangelium von Matthäus stellvertretend die Vögel genannt werden. Es gibt zahlreiche Möglichkeiten, wie Sie dieses Thema umsetzen können.

Das Tüpfelchen auf dem i

Wie wäre es, wenn Sie eine ganz persönliche Begegnung mit Vögeln planen? Dazu besuchen Sie am besten Freunde oder Familienangehörige, die Vögel als Haustiere halten (das ist natürlich nur dann spannend, falls Sie selbst keine haben).

Ihr Besuch dient vor allem der Information. Überlegen Sie sich vorher die Fragen, die Sie gerne stellen möchten. Sprechen Sie mit Ihren Gastgebern über die Persönlichkeit der verschiedenen Vögel, wie sie sind und worin sich ihr Charakter zeigt. Vielleicht dürfen Sie einen Vogel auf Ihrem Finger oder Ihrer Schulter sitzen lassen.

Zum Ablauf

Je nachdem, wie viel Zeit Sie haben und wie Ihre Möglichkeiten aussehen, können Sie vieles unternehmen, was mit Vögeln zu tun hat. Hier ein paar Anregungen:

> Planen und bauen Sie gemeinsam ein Vogelhaus. Stellen Sie es so nahe wie möglich vor einem Ihrer Fenster auf, damit Sie das Kommen und Gehen Ihrer gefiederten Gäste später gut beobachten können.

> Richten Sie eine Futterstelle oder ein Vogelbad an einem ähnlich günstig gelegenen Ort ein.

> Verbringen Sie Zeit in einem Naturschutzgebiet oder Vogelpark in Ihrer Umgebung. Versuchen Sie möglichst viele Vogelarten zu fotografieren.

> Besuchen Sie einen Tierpark in Ihrer Umgebung und konzentrieren Sie sich auf die Vögel, die es dort gibt. Unterhalten Sie sich mit Tierpflegern. Schauen Sie sich interaktive Ausstellungen an. Finden Sie alles heraus, was Sie über Vögel wissen wollen, von den Fressgewohnheiten bis zum Flugverhalten.

> Schauen Sie sich eine Doku über Vögel an wie zum Beispiel *Nomaden der Lüfte, Die Reise der Pinguine* oder *Das Leben der Vögel.*

> Suchen Sie sich einen Spielfilm aus, der Vögel zum Thema hat, wie zum Beispiel *Amy und die Wildgänse,* Hitchcocks *Die Vögel* oder einen Animationsfilm wie *Rio, Happy Feet* oder *Die Legende der Wächter.*

Die richtige Sprache sprechen

Wenn die wichtigste Liebessprache Ihres Partners / Ihrer Partnerin Geschenke sind, sollten Sie ein passendes Souvenir kaufen: einen Stofftiervogel. Geben Sie ihm einen Ehrenplatz in Ihrer Wohnung. Und wenn Sie mit Sorgen und Problemen zu kämpfen haben, kann er Sie an Gottes Liebe und Fürsorge erinnern.

Den »Dritten im Bunde« miteinbeziehen

Lesen Sie gemeinsam Matthäus 6,25-34. Hier verspricht Jesus denen, die ihm nachfolgen, dass Gott für sie sorgen wird. Als Beweis dafür weist er darauf hin, wie Gott sich um seine kleinen Geschöpfe kümmert:

»Seht euch die Vögel an! Sie säen nichts, sie ernten nichts und sammeln auch keine Vorräte. Euer Vater im Himmel versorgt sie. Meint ihr nicht, dass ihr ihm viel wichtiger seid? Und wenn ihr euch noch so viel sorgt, könnt ihr doch euer Leben um keinen Augenblick verlängern« (Vers 26-27).

Wenn Sie möchten, verwenden Sie die folgenden Fragen und die Denkanstöße in Klammern als Grundlage für Ihr Gespräch über diesen Bibeltext:

> ‣ Auf welche Weise sorgt Gott für die Vögel? (Er versorgt sie mit allem, was sie zum Überleben brauchen. Er hat ihnen Flügel zum Fliegen gegeben und sie so geschaf-

fen, dass sie den Elementen trotzen können. Er schenkt ihnen einen guten Vorrat an Nahrung. Außerdem hat er sie mit einem schönen Federkleid ausgestattet, manchmal sogar mit einem ganz außergewöhnlichen.)

> Welche ermutigenden Gedanken können wir den Worten von Jesus entnehmen? (Wenn Gott sich so viel Mühe um die Vögel macht, dann wird er sich für uns bestimmt nicht weniger Mühe geben. Das bedeutet, dass all unsere Sorgen unbegründet sind. Ganz egal, in welcher Situation wir uns befinden, Gott wird uns hindurchhelfen.)

> Wenn Gott für uns sorgt, weshalb geraten wir dann überhaupt in Situationen, in denen wir uns Sorgen um unser Wohlergehen machen müssen? (Gott hat uns kein leichtes Leben versprochen. Das ist nicht sein Wille für uns. Er möchte, dass wir uns auf ihn verlassen, ihm vertrauen und entdecken, wozu er imstande ist. Das ist jedoch nicht möglich, wenn alles immer so verläuft, wie wir es uns wünschen.)

> Worüber machen Sie sich am häufigsten Sorgen? (Bei manchen Paaren sind es die Finanzen, bei anderen gesundheitliche Probleme. Andere sorgen sich um ihre Kinder oder um ihre alten Eltern. Eines haben all diese Sorgen gemeinsam: Gottes Kraft kann sie überwinden.)

Beten Sie gemeinsam. Danken Sie Gott für seine Liebe und Fürsorge allen Geschöpfen gegenüber. Bitten Sie ihn, Sie immer wieder an Jesu Worte aus Matthäus 6 zu erinnern, wenn Sorgen Sie niederdrücken wollen.

Lesetipp

Andacht aus der *Bibel für Paare*, S. 1094 b (»Finanzielle Pläne«)

31. Sterngucker

Verbringen Sie einen Abend mit Ihrem Partner / Ihrer Partnerin und genießen Sie gemeinsam das Wunder des Sternenhimmels.

Das Tüpfelchen auf dem i

In vielen Städten gibt es Observatorien, die für die Öffentlichkeit zugänglich sind. Um sich auf Ihr Sterngucker-Abenteuer vorzubereiten, könnten Sie einen Besuch in einer solchen Einrichtung planen. Dort lernen Sie die Grundlagen der Astronomie kennen und haben die Möglichkeit, sich Präsentationen anzuschauen, Vorträge zu hören oder an Führungen teilzunehmen. Sofern dort Gelegenheit ist, Fragen zu stellen, können Sie sich hilfreiche Tipps für Ihre eigenen astronomischen Beobachtungen holen. Zumindest aber werden Sie dann das, was Sie am Nachthimmel sehen, sehr viel besser verstehen.

Zum Ablauf

Entscheidend für den Erfolg Ihrer Unternehmung ist die Auswahl des richtigen Ortes. Wenn Sie in der Stadt wohnen, kann die Lichtverschmutzung unter Umständen die Sicht auf den Nachthimmel erschweren. Am besten suchen Sie eine ländliche Umgebung auf, vorzugsweise einen erhöhten Ort, bei dem Ihr Blick nach oben nicht durch Hindernisse eingeschränkt wird.

Bringen Sie Liegestühle mit, die Sie Seite an Seite aufstellen, und Decken und Kissen, damit Sie es gemütlich haben. Vergessen Sie auch nicht Ihre Lieblingssnacks und -getränke und suchen Sie, wenn Sie das wollen, ruhige Instrumentalmusik aus, die für die richtige Stimmung sorgt. Vielleicht haben Sie auch eine Taschenlampe mit Rotlichtfilter zur Beleuchtung. Der Rotlichtfilter sorgt dafür, dass Sie etwas sehen können, ohne dass dadurch die Fähigkeit Ihrer Augen, sich an die Dunkelheit zu gewöhnen, beeinträchtigt wird.

Ein Teleskop ist nicht unbedingt nötig. Ferngläser könnten jedoch Ihr Erlebnis wesentlich verbessern. Selbst mit relativ preisgünstigen Modellen kann man bereits die Krater auf dem Mond sehen.

Um ein Gespür für das zu entwickeln, was Sie am Nachthimmel sehen, können Sie eine Sternkarte ausdrucken (wenn Sie es auf althergebrachte Weise machen wollen) oder eine App herunterladen wie zum Beispiel *Night Sky*, *Stellarium*, *Star Walk* oder *Sky Map*. Auf der Website der American Meteor Society (amsmeteors.org) können Sie herausfinden, zu welchen Zeiten man am besten Meteoritenschauer beobachten kann.

Die richtige Sprache sprechen

Wenn Geschenke die wichtigste Liebessprache Ihres Partners / Ihrer Partnerin sind, können Sie überlegen, ob Sie ihm/ihr nicht einen Stern schenken möchten. Es gibt nämlich mehrere Internetseiten, auf denen Sie einen Stern nach jemandem benennen können. (Leider wird diese Namensgebung nicht offiziell von Astronomen anerkannt, aber es ist ja schließlich der Gedanke, der zählt, nicht wahr?)

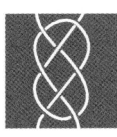

Den »Dritten im Bunde« miteinbeziehen

Lesen Sie gemeinsam Psalm 147,2-6:

»Der HERR baut Jerusalem wieder auf und bringt die Israeliten zurück, die man aus ihrem Land verschleppt hat. Er heilt die Menschen, die innerlich zerbrochen sind, und verbindet ihre Wunden. Er hat die Zahl der Sterne festgelegt und gab jedem einzelnen einen Namen. Wie groß ist unser HERR und wie gewaltig seine Macht! Unermesslich ist seine Weisheit. Der HERR richtet die Erniedrigten auf und tritt alle Gottlosen in den Staub.«

Wenn Sie möchten, verwenden Sie die folgenden Fragen und die Denkanstöße in Klammern als Grundlage für Ihr Gespräch über diese Bibelstelle:

> Warum lobt der Psalmist Ihrer Meinung nach Gott zunächst dafür, dass er Menschen individuell Heilung

schenkt, und dann als Nächstes für die unendlich große Schöpfung? (Vielleicht staunt er darüber, dass der Eine, der mächtig genug ist, die Sterne zu erschaffen, sich um einen einzelnen Menschen kümmert und sein Leid lindert.)

> Der Psalmbeter führt die Sterne als Beispiel für Gottes unendliche Macht und Größe an. Welches Bild würden Sie verwenden? (Manche würden die Berge oder die Meere als Beispiel nennen.)

> Was hält uns davon ab, Gottes Macht, die sich in seiner Schöpfung zeigt, voll und ganz anzuerkennen? (Die Ablenkungen und Beschäftigungen des Alltags machen uns blind dafür und hindern uns daran, unsere Welt im großen Rahmen wahrzunehmen. Auch die Gewohnheit macht uns gleichgültig. Wenn wir dieselben Dinge jeden Tag aus derselben Perspektive sehen, verlieren wir den Blick für die großen Wunder, die sich hinter ihnen verbergen.)

> Wie können wir eine Gott die Ehre gebende Wertschätzung für die Wunder der Welt entwickeln? (Aufmerksamkeit ist der Schlüssel dazu. Wir sollten unsere elektronischen Geräte abschalten, die Kopfhörer absetzen und uns auf die beeindruckende Größe der Schöpfung konzentrieren, wie wir sie am Nachthimmel sehen; wir sollten uns wieder im Staunen darüber üben, wie die ganze Schöpfung miteinander verwoben ist, was wir an jedem Geschöpf beobachten können.)

Beten Sie gemeinsam. Danken Sie Gott für die Größe seiner Schöpfung, aber auch dafür, dass er sich jedem von uns persönlich zuwendet. Bitten Sie ihn, dass er in Ihnen die Ehrfurcht und Dankbarkeit ihm gegenüber erhält.

Lesetipp

Andacht aus der *Bibel für Paare,* S. 498 a (»Ruhm und Ehre«)

32. Do it yourself!

Wenn Sie als Kinder oder Jugendliche auf christlichen Freizeiten, Konfi-Tagen o. Ä. an Workshops teilgenommen haben, dann wissen Sie, wie viel Spaß gemeinsames Basteln und Werkeln machen kann. Hier können Sie genau das tun und Seite an Seite mit Ihrem liebsten Menschen etwas Besonderes gestalten.

Das Tüpfelchen auf dem i

Sie können dem Ganzen eine besondere Note verleihen, indem Sie Ihren handwerklichen Tag jemandem widmen, der ein bestimmtes Projekt vorhat. Vielleicht könnte das Theaterensemble Ihrer Gemeinde Leute brauchen, die das Bühnenbild malen oder Kulissen bauen. Oder Sie kennen jemanden, die ein kreatives, aber kostengünstiges Kostüm für einen Maskenball benötigt. Wenn etwas in der Art der Fall ist, werden Sie noch ein paar Informationen einholen müssen, bevor Sie mit Ihrer Arbeit beginnen. Erfragen Sie die gewünschten

Maße und lassen Sie sich von den zuständigen Personen den nötigen Input geben. Und dann können Sie loslegen.

Zum Ablauf

Wenn Sie online nach Ideen für handwerkliche Projekte suchen, erhalten Sie mehr Ergebnisse, als Sie in einer Woche durchforsten könnten. Interessieren Sie sich fürs Kerzenziehen? Im Internet bekommen Sie Anleitungen dazu. Dort erfahren Sie auch, wie man ein Scrapbook anlegt oder ein Windrad bastelt. Sie könnten auch eine Modellrakete bauen und starten lassen. Oder ein Sandbild anfertigen. Oder ein Malen-nach-Zahlen-Gemälde. Oder ein Vogelhaus. Wenn Ihnen all das nicht zusagt, besuchen Sie am besten ein Hobbygeschäft. Die Chancen stehen gut, dass Sie dort etwas entdecken, das Sie zusammen machen können.

Bei dieser Aktion ist der Entstehungsprozess viel wichtiger als das Endergebnis. Natürlich möchten Sie am Ende gern etwas haben, auf das Sie stolz sein können. Viel bedeutsamer ist aber die Zeit, die Sie miteinander verbringen, wenn Sie gemeinsam arbeiten, sich unterhalten, einander aufziehen oder ermutigen.

 ## Die richtige Sprache sprechen

Diese Aktivität eignet sich besonders für jemanden, dessen wichtigste Liebessprache Geschenke sind. Es ist naheliegend, dass Sie Ihrem Partner / Ihrer Partnerin das schenken, was am Ende bei Ihrem Projekt herauskommt. Aber auch bei der Vorbereitung können Sie Ihre/n Partner/in schon im Blick haben – indem Sie sich zum Beispiel farblich oder bei der Motivwahl an seinem/ihrem Geschmack orientieren – und ihm Ihre Gedanken dazu vermitteln.

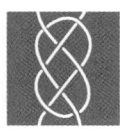

Den »Dritten im Bunde« miteinbeziehen

Lesen Sie gemeinsam Psalm 8,4-5:

»Ich blicke zum Himmel und sehe, was deine Hände geschaffen haben: den Mond und die Sterne – allen hast du ihren Platz zugewiesen. Was ist da schon der Mensch, dass du an ihn denkst? Wie klein und unbedeutend ist er, und doch kümmerst du dich um ihn.«

Wenn Sie möchten, verwenden Sie die folgenden Fragen und die Denkanstöße in Klammern als Grundlage für Ihr Gespräch über diese Bibelstelle:

> ›   Der Psalmbeter erwähnt Himmel, Mond und Sterne. Wenn Sie Ihren eigenen Psalm über Gottes Schöpfung schreiben würden, was würden Sie dann darin vorkommen lassen? (Wer wie der Psalmist eher einen Blick für das große Ganze hat, wird vielleicht sein Staunen über die Weite des Universums zum Ausdruck bringen. Wer eher die kleinen Dinge wahrnimmt, dem kommen womöglich die Wunder des menschlichen Körpers in den Sinn wie zum Beispiel das Auge oder das Gehirn. Andere wiederum richten ihren Blick eher auf die Schönheit der Natur.)
> ›   Wenn Sie den ganzen Umfang der Schöpfung Gottes

betrachten, was denken Sie dann über sich selbst? (Die Reaktion des Psalmbeters – darüber nachzudenken, wie klein er selbst gegenüber dem großen Entwurf der Schöpfung ist – ist wahrscheinlich ziemlich normal. Aber es ist auch ein Grund für große Dankbarkeit.)

> Was bedeutet es, dass Gott »an uns denkt«? (Selbst angesichts des riesigen Universums und all dessen, was sich darin befindet, ist Gott die persönliche Beziehung zu jedem Einzelnen von uns sehr wichtig.)

> Worin zeigt sich, dass wir Gott so wichtig sind? (Er hat seinen Sohn gesandt, der sein Leben für uns hingab, damit wir für immer mit ihm leben können. Er antwortet auf unsere Gebete. Er stillt unsere Angst. Er sorgt für uns, wenn wir in Not sind.)

Beten Sie gemeinsam. Danken Sie Gott für bestimmte Aspekte seiner Schöpfung. Nehmen Sie sich dafür viel Zeit. Sie können aus Ihrem Gebet auch einen Psalm machen – vielleicht nach dem Vorbild von Psalm 8. Bitten Sie Gott, Sie immer wieder daran zu erinnern, dass er an Sie denkt und sich um Sie kümmert – vor allem, wenn Sie in einer schwierigen Situation sind.

Lesetipp

Andacht aus der *Bibel für Paare,* S. 234 a (»Lieber Gott …«)

33. Graffiti-Künstler

Malen Sie mit Straßenkreide verspielte Graffiti auf den Bürgersteig oder die Einfahrt bei jemandem, den Sie kennen und der sich darüber freuen würde – oder der Sie zumindest nicht deswegen anzeigt.

Das Tüpfelchen auf dem i

Sie können eine schöne persönliche Botschaft daraus machen, wenn Sie die Aktion mit einem besonderen Ereignis im Leben der betreffenden Person in Verbindung bringen. Eine bestandene Prüfung, eine Verlobung, ein neuer Job, die Geburt eines Kindes oder einfach nur ein Geburtstag oder ein Jubiläum – all das könnten Anlässe sein, zu denen Sie jemanden mit Ihren Graffiti beglücken.

Je persönlicher Ihr Kunstwerk ist, desto besser wird es ankommen. Forschen Sie also ein wenig nach und finden Sie heraus, ob bei jemandem ein besonderes Ereignis bevorsteht, das Sie zum Anlass nehmen können, um kreativ zu werden.

Zum Ablauf

Das Wichtigste ist, dass Sie die richtige Person finden, deren Bürgersteig oder Einfahrt Sie verschönern können. Es sollte natürlich jemand sein, der genug Sinn für Humor hat, der Graffiti mag und dem ein vorübergehendes Chaos vor seiner Haustür nichts ausmacht. Ideal wäre es, wenn die betreffende Person gerade verreist oder mindestens für ein paar Stunden abwesend ist, damit Sie genug Zeit für Ihre Überraschung haben.

Besorgen Sie sich Straßenmalkreide in verschiedenen Farben. Überlegen Sie sich, was motivisch gut passen würde. Malen Sie einen Fußball, ein Logo, einen Abi-Glückwunsch oder irgendetwas anderes, das einen Bezug zu den Interessen dieser Person hat oder zu dem, was sich gerade in ihrem Leben ereignet. Sie können auch eine Karikatur dieses Menschen malen – oder eine von sich selbst. Oder Sie entwerfen etwas ganz Eigenes.

Für diese Aktion sollten Sie ein gutes Urteilsvermögen besitzen. Halten Sie sich an mögliche Vorschriften des Hauseigentümers. Seien Sie auch bereit, Ihr Kunstwerk später wieder zu entfernen.

 ## Die richtige Sprache sprechen

Wenn Zweisamkeit die wichtigste Liebessprache Ihres Partners / Ihrer Partnerin ist, können Sie die Gelegenheit nutzen, sich über Ihre Erinnerungen an Streiche zu unterhalten. Fragen Sie Ihre/n Partner/in, welche harmlosen (oder auch weniger harmlosen) Dinge er/sie als Kind oder Teenager angestellt hat. Erzählen Sie auch von sich.

Gibt es etwas, das Sie später bereut haben? Falls Sie Kinder haben oder haben möchten, sprechen Sie miteinander darüber, wie Sie sie davor bewahren können, ähnlich falsche Entscheidungen zu treffen wie Sie damals.

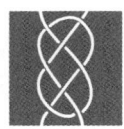

Den »Dritten im Bunde« miteinbeziehen

Lesen Sie gemeinsam 2. Mose 35,30-35:

»Mose sagte zu den Israeliten: ›Hört mir genau zu! Der HERR hat Bezalel, den Sohn Uris und Enkel Hurs vom Stamm Juda, ausgewählt, den Bau des heiligen Zeltes zu leiten. Er hat ihn mit seinem Geist erfüllt und ihm Weisheit und Verstand gegeben; er hat ihn befähigt, alle für den Bau erforderlichen handwerklichen und künstlerischen Arbeiten auszuführen. Bezalel kann Pläne entwerfen und nach ihnen Gegenstände aus Gold, Silber oder Bronze anfertigen; er hat die Fähigkeit, Edelsteine zu schleifen und einzufassen; er versteht sich auf das Bearbeiten von Holz und auf viele andere Arten von Kunsthandwerk. Der Herr hat ihn und Oholiab, den Sohn Ahisamachs vom Stamm Dan, dazu begabt, andere anzuleiten. Er hat die beiden mit Weisheit erfüllt und sie fähig gemacht, alle Arbeiten eines Kunsthandwerkers, Stickers oder Buntwebers auszuführen. Sie können mit violettem, purpurrotem und karmesinrotem Stoff und mit feinem Leinen umgehen, sie können weben und auch alles selbst entwerfen und ausführen.‹«

Wenn Sie möchten, verwenden Sie die folgenden Fragen und die Denkanstöße in Klammern als Grundlage für Ihr Gespräch über diesen Bibeltext:

➤ Was offenbart Gott in diesem Text über sich selbst? (Gott liebt das Schöne. Kunst ist ihm wichtig. Er ermutigt Menschen dazu, sich kreativ auszudrücken. Er hätte auch den Auftrag geben können, etwas Einfaches und Funktionales zu errichten. Stattdessen beruft er aber begabte Kunsthandwerker – Menschen, denen er für diese besondere Aufgabe die richtigen Fähigkeiten verliehen hat.)

➤ Auf welche Weise wurde Bezalel vom Herrn gesegnet? (Gott erfüllte ihn mit seinem Geist. Er schenkte ihm Weisheit, Verstand und Können. Er gab ihm die Fähigkeit, eine Vielzahl von Materialien künstlerisch zu verarbeiten, darunter Gold, Silber, Bronze, Edelsteine und Holz. Er verlieh Bezalel auch die Gabe, anderen das Kunstschaffen zu vermitteln.)

➤ Warum ist es so wichtig, unserer Kreativität Raum zu geben? (Sie zeigt, dass wir nach dem Bild unseres Schöpfers erschaffen sind.)

➤ Auf welche Weise drücken Sie sich am liebsten kreativ aus? (Sie müssen keine großen Künstler sein, um Ihre kreativen Talente zu entwickeln, egal ob es sich dabei ums Schreiben, Singen, Malen, Zeichnen oder um andere kreative Ausdrucksformen handelt.)

Beten Sie gemeinsam. Danken Sie Gott für alle kreativen Gaben. Bitten Sie ihn, Ihnen die Augen zu öffnen für die künstlerische Schönheit, von der Sie umgeben sind. Bitten Sie ihn auch, dass er Ihnen dabei hilft, sich zu seiner Ehre kreativ und künstlerisch auszudrücken.

Lesetipp

Andacht aus der *Bibel für Paare,* S. 372 a (»Treu bis zum Ende«)

34. Auf Verschönerungsmission

Suchen Sie sich einen Ort in Ihrer Umgebung aus, der eine Aufräum- oder Reinigungsaktion vertragen könnte. Verbringen Sie dort einen Nachmittag mit Ihrem Partner / Ihrer Partnerin und säubern Sie die entsprechende Stelle. Auf diese Weise können Sie sich an der frischen Luft entspannen und gleichzeitig Ihrer Stadt oder Ihrem Dorf etwas Gutes tun.

Das Tüpfelchen auf dem i

Für die Zwecke dieses Buches ist dies eine einmalig stattfindende Aktion – eine Möglichkeit für Sie beide, gemeinsam Zeit zu verbringen. Wenn Sie möchten, können Sie das Ganze aber natürlich beliebig oft wiederholen, zum Beispiel einmal im Monat. Planen Sie dafür entsprechende Zeiträume in Ihrem Kalender ein. Sie können sich zu »Paten« für Ihren auserwählten Ort ernennen und ihn dauerhaft in Schuss halten. Wenn beim ersten Einsatz die gröbste Arbeit erledigt worden ist, werden die darauffolgenden Reinigungsaktionen viel leichter und schneller vonstattengehen.

Vielleicht möchten Sie Freunde oder andere Familienangehörige ermutigen, ebenfalls bestimmte Bereiche unter ihre Fit-
tiche zu nehmen und dort für Ordnung zu sorgen. Wenn viele
Menschen Ihrem Vorbild folgen, sieht es an Ihrem Wohnort
vielleicht bald ganz anders aus.

Zum Ablauf

Mancherorts werden gemeinsame Aufräumaktionen organi-
siert, an denen alle Interessierten sich beteiligen können. Hier
können Sie sich anschließen, wenn Sie möchten.

Wenn Sie zu zweit losziehen, haben Sie unzählige Möglichkeiten. Gibt es in Ihrer Nähe eine Unterführung, in die viel
Müll geworfen wird? Oder ein verlassenes Haus, wo der Rasen
hochwächst und leere Flaschen überall verteilt liegen? Gibt es
einen Bach oder ein anderes Gewässer, wo Leute illegal Ab-
fall abladen? Oder einen heruntergekommenen Park, der eine
Säuberungsaktion vertragen könnte?

Egal welchen Ort Sie wählen, Sie sollten auf jeden Fall gut
vorbereitet sein. Sie brauchen Handschuhe, Müllsäcke und
vielleicht auch eine Greifzange. Für größere Aktionen benötigen Sie unter Umständen einen Rasenmäher, einen Trim-
mer und vielleicht sogar einen Anhänger zum Abtransport
des Mülls. Bei allem Eifer sollten Sie natürlich darauf achten,
dass Sie nicht unerlaubterweise ein Privatgrundstück betre-
ten.

Die richtige Sprache sprechen

Wenn Hilfsbereitschaft die wichtigste Liebessprache Ihres Partners / Ihrer Partnerin ist, können Sie hier besonders auf seine/ihre Bedürfnisse eingehen. Nehmen Sie Musik nach seinem/ihrem Geschmack mit, um sie während der Arbeit abzuspielen. Befüllen Sie eine Kühlbox mit seinen/ihren Lieblingsgetränken. Besorgen Sie zwischendurch etwas zu essen, das Ihr/e Partner/in gern mag. Während Sie beide Ihrer Stadt oder Ihrem Dorf etwas Gutes tun, können Sie zugleich Ihren Partner / Ihre Partnerin verwöhnen.

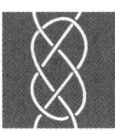

Den »Dritten im Bunde« miteinbeziehen

Lesen Sie gemeinsam die folgenden Bibelverse:

> ▸ 1. Mose 2,15: »Gott, der HERR, brachte den Menschen in den Garten von Eden. Er gab ihm die Aufgabe, den Garten zu bearbeiten und ihn zu bewahren.«
> ▸ 4. Mose 35,33: »Ihr sollt das Land, in dem ihr lebt, nicht entweihen.«

Wenn Sie möchten, verwenden Sie die folgenden Fragen und die Denkanstöße in Klammern als Grundlage für Ihr Gespräch über diese Verse:

> ▸ Was gehörte Ihrer Meinung nach zu den Aufgaben von Adam und Eva im Garten Eden? (Wahrscheinlich versorgten sie die Pflanzen und Tiere so, wie es nötig war.

Vielleicht pflanzten und ernteten sie. Sie kümmerten sich um Gottes Schöpfung.)

➤ Warum spielt Arbeit wohl eine so große Rolle in Gottes Plan für uns? (Er hat den Kreislauf von Arbeit und Ruhe bereits in den sieben Schöpfungstagen angelegt. Unsere Fähigkeit zu arbeiten ist Teil unserer Ebenbildlichkeit Gottes. Gott hat uns so geschaffen, dass wir in unserer Arbeit ein gewisses Maß an Erfüllung und Zufriedenheit finden.)

➤ Warum befahl Gott den Israeliten, ihr Land nicht zu entweihen? (Ihr Land war ein Geschenk Gottes – er hatte es schon ihren Vorfahren versprochen. Darum wollte er, dass sie verantwortungsvoll und respektvoll damit umgehen.)

➤ Was ist heute unsere Aufgabe als Menschen, denen Gottes Schöpfung anvertraut ist? (Viele Umweltprobleme scheinen zu groß, als dass sie von Einzelnen gelöst werden könnten. Doch wir alle können einen Anfang machen, indem wir für unsere unmittelbare Umgebung Verantwortung übernehmen. Es mag wie ein Tropfen auf dem heißen Stein aussehen, aber Gott wird unsere Bemühungen trotzdem segnen.)

Beten Sie gemeinsam. Danken Sie Gott für die Schönheit seiner Schöpfung und dafür, dass er Ihnen (und der ganzen Menschheit) die Verantwortung gegeben hat, gut für sie zu sorgen. Bitten Sie ihn um seinen Segen und seine Hilfe für Ihre Bemühungen zur Verschönerung Ihrer Umwelt.

Lesetipp

Andacht aus der *Bibel für Paare*, S. 144 a (»Zuverlässige Verwalter«)

35. Hast du gewusst, dass ...?

Wenn Sie eine Stunde zum Entspannen haben, helfen Sie einander in der Zeit doch einfach mal, Ihren Wissenshorizont zu erweitern. Erzählen Sie einander Dinge, die der andere vermutlich noch nicht weiß. Versuchen Sie möglichst viel Neues dabei zu lernen, sei es über Popmusik, Geschichte, Naturwissenschaften etc. Es kann sich dabei auch um ganz persönliche Informationen handeln.

Das Tüpfelchen auf dem i

Sie können aus der Sache ein richtiges Rätselspiel machen. Fragen Sie »Hast du gewusst, dass ...?« und lassen Sie Ihren Partner / Ihre Partnerin sagen, ob die Aussage wahr oder falsch ist. Zum Beispiel: »Die USA hatten schon neun verschiedene Hauptstädte. Ist das wahr oder falsch?« (Wahr.) Sie können auch mehrere Antwortmöglichkeiten vorgeben: »Welche der folgenden Städte war nie die Hauptstadt der Vereinigten Staaten: New York, Boston, Baltimore oder Philadelphia?« (Boston.)

Zum Ablauf

Selbst wenn Sie und Ihr/e Partner/in schon sehr quizerprobt sind und auf fast alle Fragen eine Antwort wissen, sollten Sie dennoch in der Lage sein, viel Neues in Erfahrung zu bringen, das Sie dann miteinander teilen können. Sie können mit ganz trivialen Dingen beginnen. Erzählen Sie einander völlig ungewöhnliche und belanglose Fakten, die Sie zu irgendeinem Sachgebiet gefunden haben, von Dingen über den abstrakten Expressionismus bis hin zu zoologischen Klassifizierungen. Sie müssen sich jedoch nicht auf solche Gebiete beschränken, sondern können auch auf persönliche Erfahrungen zurückgreifen, die Sie noch nie mit Ihrem Partner / Ihrer Partnerin geteilt haben. Sprechen Sie über Ihren ersten Schwarm, über Ihre peinlichsten Momente, Ihre zufällige Begegnung mit einer berühmten Persönlichkeit, Ihr Lieblingsessen als Kind – einfach alles, was für den anderen neu sein könnte.

Wenn Sie noch tiefer gehen möchten, können Sie auch über ganz persönliche Dinge sprechen, zum Beispiel über Gefühle, die Sie einander bisher noch nicht mitgeteilt haben: Ängste, von denen Ihr/e Partner/in nichts weiß, oder auch kleine, unscheinbare Dinge, die Ihnen Freude machen.

Auch wenn für diesen Vorschlag kaum Zeit benötigt wird, kann es sein, dass Sie beide einander dabei noch um einiges besser kennenlernen.

 ## Die richtige Sprache sprechen

Wenn Lob und Anerkennung die wichtigste Liebessprache Ihres Partners / Ihrer Partnerin ist, konzentrieren Sie sich bei

Ihren »Hast du schon gewusst, dass …?«-Fragen auf ihn/sie. Zum Beispiel könnten Sie sagen:»Hast du schon gewusst, dass mir regelrecht die Kinnlade heruntergeklappt ist, als ich dich das erste Mal gesehen habe?« Oder: »Hast du schon gewusst, dass es für mich etwas Beruhigendes hat, dich nachts neben mir atmen zu hören?«

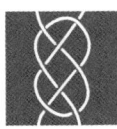

Den »Dritten im Bunde« miteinbeziehen

Lesen Sie gemeinsam Sprüche 1,5:

»Selbst wer schon über viel Wissen und Erfahrung verfügt, kann noch dazulernen. Neue Gedankenanstöße helfen ihm.«

Wenn Sie möchten, verwenden Sie die folgenden Fragen und die Denkanstöße in Klammern als Grundlage für Ihr Gespräch über diesen Bibelvers:

> Was ist der Unterschied zwischen Wissen und Weisheit? (Wissen ist die Kenntnis von Fakten, die Fähigkeit, die »richtige« Antwort zu geben. Weisheit ist die Fähigkeit, Wissen so anzuwenden, dass es Gutes bewirkt und Gott ehrt.)

> Warum sollte ein kluger Mensch bereit sein dazuzulernen? (Je klüger ein Mensch ist, desto mehr ist er sich dessen bewusst, dass er noch viel zu lernen hat. In Sprüche 16,18 heißt es, dass Stolz zum Sturz führt und Hochmut vor dem Fall kommt. Wenn wir meinen, dass andere uns nichts beizubringen haben, leidet unsere Klugheit darunter.)

> Woher wissen kluge Menschen, auf wen sie hören sol-

len? (Unter den richtigen Umständen kann jeder anderen etwas beibringen. Darum hört ein kluger Mensch mit offenen Ohren zu, prüft die Quelle, berücksichtigt den Kontext und wägt dann die Worte des anderen sorgfältig ab. Wenn er diese Worte für wahr befindet, wächst seine Weisheit durch sie.)

➤ Woher kann ich wissen, ob ich dem Rat eines anderen Menschen folgen soll? (Die beste Strategie ist das Gebet – den Herrn um Weisheit zu bitten.)

Beten Sie gemeinsam. Danken Sie Gott dafür, dass Sie jeden Tag die Gelegenheit haben, dazuzulernen und in Ihrem Verstehen, Ihrer Wahrnehmung und Weisheit zu wachsen. Bitten Sie ihn darum, Sie bei allen Entscheidungen zu leiten, sodass seine Weisheit sich darin widerspiegelt und Sie seinen Willen erfüllen.

Lesetipp

Andacht aus der *Bibel für Paare,* S. 560 a (»Gottvertrauen«)

36. Eine Heimat-Tour

Führen Sie Ihren Partner / Ihre Partnerin durch Ihre Heimatstadt. Zeigen Sie ihm/ihr wichtige Schauplätze Ihrer Kindheit und Teenagerzeit, von Ihrem Elternhaus über den Ort, wo Sie Ihren ersten Kuss bekamen, bis zu Ihrer alten Schule. Lassen Sie Ihre Lieblingsgeschichten lebendig werden, indem Sie Ihrem Partner / Ihrer Partnerin einen Eindruck davon vermitteln, wo all das stattgefunden hat.

Das Tüpfelchen auf dem i

Sie (oder Ihr/e Partner/in, je nachdem, wessen Heimatstadt Sie besichtigen) können sich, wenn Sie mögen, als eine Art Reiseführer/in betätigen. Wecken Sie die Neugier Ihres Partners / Ihrer Partnerin und entwerfen Sie einen »Reiseplan«, der andeutet, was es zu sehen geben wird. Machen Sie Ansagen wie »Klettergerüste, ein Spielplatz und die Grundschule von Dingsdorf – der unvergessliche Ort, an dem ich mir zwei Vorderzähne ausschlug!« oder »Der Rückgabeschalter am Indoor-Skatepark, wo das Mädchen, das ich mochte, mir mitteilte, dass sie in meinen besten Freund verliebt ist.«

Sorgen Sie mit ein bisschen Selbstironie für eine entspannte Stimmung, während Sie Höhepunkte Ihrer Vergangenheit schildern, die für Sie prägend waren – zum Guten oder Schlechten.

Zum Ablauf

Das ideale Szenario wäre Folgendes: Sie und Ihr/e Partner/in sind an unterschiedlichen Orten aufgewachsen und kannten einander als Kinder oder Jugendliche noch nicht. Was Sie über den jeweiligen Heimatort des anderen wissen, stammt aus Erzählungen. Mit dieser Aktivität haben Sie die Gelegenheit, Ihre Berichte mit Gesichtern, Namen und Orten zu ergänzen.

Zunächst einmal müssen Sie sich jedoch entscheiden, welchen Ihrer beiden Heimatorte Sie besuchen wollen.

Wenn das Dorf oder die Stadt relativ nahe liegt, genügt vielleicht ein Nachmittag oder Tag; wenn nicht, müssen Sie einen Wochenendtrip oder sogar eine längere Reise planen.

Die Aktivität selbst ist eine Tour, in der Ihr Heimatort ins Rampenlicht gestellt wird – und zwar nicht die historischen oder touristischen Highlights, sondern die Orte, die in Ihrem Leben eine Rolle gespielt haben. Am besten beginnen Sie mit Ihrem Elternhaus. Danach können Sie zum Beispiel Ihre Grundschule besuchen; den Ort, wo Sie Ihren ersten Ferienjob hatten oder wo Sie am liebsten Ihre Freizeit verbracht haben. Das Ziel des Ganzen besteht darin, Ihre/n Partner/in daran teilhaben zu lassen, wie das Leben damals für Sie war.

Die richtige Sprache sprechen

Wenn Sie den Heimatort Ihres Partners / Ihrer Partnerin aufsuchen möchten und Zweisamkeit seine/ihre wichtigste Liebessprache ist, können Sie ein paar Fragen vorbereiten. Wahrscheinlich haben Sie ja schon einiges über die Kindheit Ihres Partners / Ihrer Partnerin erfahren und sind daher in der Lage, konkrete Dinge anzusprechen (»Wo genau war das, als dein Bruder dich vom Fahrrad geschubst hat?«).

Die richtigen Fragen zeigen Ihrem Partner / Ihrer Partnerin, dass Sie ihm/ihr zugehört haben und sich für seine/ihre Erlebnisse interessieren. Darüber hinaus regen sie zu intensiveren Gesprächen an, aus denen echte Zweisamkeit entsteht.

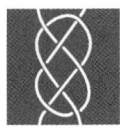

Den »Dritten im Bunde« miteinbeziehen

Lesen Sie gemeinsam Sprüche 22,6:

»Bring dein Kind schon in jungen Jahren auf den richtigen Weg, dann hält es sich auch im Alter daran.«

Wenn Sie möchten, verwenden Sie die folgenden Fragen und die Denkanstöße in Klammern als Grundlage für Ihr Gespräch über diesen Bibelvers:

> ➤ Wie haben Ihre Eltern Sie »auf den richtigen Weg gebracht«? (Auf der einen Seite gibt es Eltern, die ihre Kinder sehr streng erziehen, mit vielen Regeln und gegebenenfalls auch Strafen. Am anderen Ende des

Spektrums befinden sich Eltern, die ihre Kinder sehr frei erziehen, mit wenigen Regeln und Konsequenzen. Und natürlich gibt es zwischen diesen beiden Extremen viele Abstufungen. Wie streng waren Ihre Eltern?)

➤ Welche Werte wurden Ihnen zu Hause vermittelt? (Manchen Menschen wird von klein auf beigebracht, dass es nichts Wichtigeres als die Familie gibt. Andere lernen, dass Nachbarn einander helfen sollten. Weitere Werte wären zum Beispiel Fleiß, Ehrlichkeit, Treue, Hilfsbereitschaft usw.)

➤ Zählen Sie ein paar Beispiele auf, wie diese Werte Sie auch noch als Erwachsene/r prägen. (Wenn für Ihre Eltern Fleiß sehr wichtig war, könnte das zum Beispiel Ihre Haltung anderen Menschen gegenüber beeinflusst haben, sodass Sie diese danach beurteilen, wie hart sie arbeiten.)

➤ Falls Sie selbst Eltern sind: Welche Schritte haben Sie unternommen bzw. unternehmen Sie, um Ihre Kinder »auf den richtigen Weg zu bringen«? (Vielleicht sind das gemeinsame Beten als Familie und das Bibellesen für Sie sehr zentral; Sie geben Ihren Kindern Regeln für den Umgang mit sozialen Netzwerken vor oder Sie sprechen offen und ehrlich über Ihre eigenen Fehler, die Sie begangen haben, als Sie jünger waren.)

Beten Sie gemeinsam. Danken Sie für die guten Einflüsse in Ihrem Leben, durch die Sie auf den richtigen Weg gebracht wurden, egal ob diese von Ihren Eltern, Ihren Großeltern oder anderen Personen ausgingen. Bitten Sie Gott um seine Hilfe und seinen Segen, damit Sie Ihren Kindern – sofern Sie welche haben – und anderen Menschen gute Ratschläge geben können.

Lesetipp

Andacht aus der *Bibel für Paare,* S. 82 a (»Sind Sie ›ehr-wür-dig‹?«)

37. Hier geht's um den Apfel

Gelingt es Ihnen, einen interessanten und erholsamen Tag rund um ein zufällig gewähltes Thema zu gestalten? Das können Sie hier herausfinden. Das Thema lautet: Äpfel. Was können Sie daraus machen?

Das Tüpfelchen auf dem i

Das ideale Ausflugsziel wäre eine Apfelplantage, auf der man selbst Äpfel ernten kann. Wenn Sie nicht allzu weit entfernt von einer solchen wohnen, lohnt sich eine Fahrt dorthin. Informieren Sie sich vorher darüber, ob es dort feste Termine gibt. Beim Apfelpflücken sollten Sie dann, statt nur Ihre Lieblingssorte in den Korb zu legen, je zwei Äpfel von so vielen unterschiedlichen Sorten wie möglich zu ergattern versuchen. Dann können Sie diese mit nach Hause nehmen und dort probieren. Wer weiß? Vielleicht entdecken Sie ja eine neue Sorte für sich.

Vielleicht werden von dem entsprechenden Hof auch noch andere Aktivitäten angeboten wie der Besuch eines Maislabyrinthes oder Fahrten mit Pferdekutsche oder Traktor. Vielleicht gibt es auch einen Hofladen, wo Sie noch andere schöne Dinge rund um den Apfel kaufen können – vom Kuchen über Gelees bis zum Apfelmost.

Zum Ablauf

Wenn der Besuch einer Apfelplantage für Sie nicht infrage kommt, gibt es immer noch viele andere Möglichkeiten, Äpfel zu einem unterhaltsamen Thema zu machen. Wenn es in Ihrer Nähe einen gut bestückten Wochenmarkt oder einen Supermarkt mit einer reichhaltigen Obstabteilung gibt, können Sie auch auf diesem Wege den Geschmackstest machen. Kaufen Sie so viele verschiedene Sorten Äpfel, wie Sie finden können.

Wenn eine Sorte darunter ist, die sich gut zum Backen eignet, könnten Sie gemeinsam einen Apfelkuchen machen. Ob Sie dafür ein altbewährtes Familienrezept verwenden oder etwas Neues ausprobieren, liegt ganz bei Ihnen.

Wenn Sie eine künstlerische Ader besitzen, können Sie aus Äpfeln etwas schnitzen. Im Internet finden Sie dazu viele Ideen. Sie können auch mit Äpfeln jonglieren. Oder sich im Apfelkern-Weitspucken üben (oder bestimmte Ziele damit treffen). Vielleicht finden Sie sogar ein Brettspiel, das mit Äpfeln zu tun hat. Alles, was zum Thema passt, ist erlaubt.

 **Die richtige Sprache sprechen**

Wenn Zärtlichkeit die wichtigste Liebessprache Ihres Partners / Ihrer Partnerin ist, können Sie ein paar Aufgaben mit einbauen, bei denen man sich näher kommt. Zum Beispiel könnten Sie versuchen, gemeinsam Äpfel von der Arbeitsfläche Ihrer Küche bis zum Wohnzimmertisch zu befördern – ohne dabei die Hände zu benutzen.

Den »Dritten im Bunde« miteinbeziehen

Um Ihr »Früchte«-Thema noch weiter zu vertiefen, lesen Sie gemeinsam Matthäus 7,15-20. In diesem Text warnt Jesus seine Jünger vor falschen Propheten. Er erklärt ihnen, dass man solche Menschen an ihren Taten erkennt. »Ein guter Baum kann keine schlechten Früchte tragen und ein kranker Baum keine guten. [...] Ebenso werdet ihr diese falschen Propheten an ihren Taten erkennen« (Verse 18 und 20).

Wenn Sie möchten, verwenden Sie die folgenden Fragen und die Denkanstöße in Klammern als Grundlage für Ihr Gespräch über diese Bibelstelle:

> ⟩ Warum sind die »Früchte« so wichtig, wenn es darum geht, den Charakter einer Person zu beurteilen? (Im christlichen Glauben bedeuten Worte allein gar nichts, wenn wir ihnen keine Taten folgen lassen.)

> ⟩ Von welchen Früchten spricht Jesus hier? (In Galater 5,22-23 zählt der Apostel Paulus neun Dinge auf, die er als die »Frucht des Heiligen Geistes« bezeichnet: Liebe, Freude, Frieden, Geduld, Freundlichkeit, Güte, Treue, Nachsicht und Selbstbeherrschung.)

> ⟩ Ist es möglich, dass jemand nur vorgibt, Frucht hervorzubringen? (Es kann sein, dass dieser Mensch andere

eine Zeit lang täuschen kann, vor allem diejenigen, denen es an Urteilsvermögen mangelt. Irgendwann aber wird die wahre Natur dieses Menschen – seine geistliche Dürre – sichtbar.)

> Wie können wir uns vor einer solchen Täuschung schützen? (Das Beste ist, Gott zu bitten, dass er uns das richtige Urteilsvermögen schenkt, und nach echter Frucht zu suchen.)

> Wie können Sie dafür sorgen, dass andere Menschen die Frucht des Heiligen Geistes in Ihrem Leben wahrnehmen? (Wir können daran arbeiten, ein authentisches Leben in Christus zu führen, damit andere sehen, wer wir wirklich sind. So kommen wir nicht in Versuchung, eine Fassade aufzubauen. Außerdem können wir Gott darum bitten, uns in jeder Situation Weisheit zu schenken und uns zu leiten.)

Beten Sie gemeinsam. Danken Sie Gott für die Weisheit seines Wortes. Bitten Sie ihn, dass er Ihnen das richtige Urteilsvermögen schenkt, wenn andere behaupten, in seinem Namen zu reden. Bitten Sie den Heiligen Geist, dass er Ihnen hilft, falsche Botschaften zu erkennen, und dass er in Ihrem Leben Frucht hervorbringt.

Lesetipp

Andacht aus der *Bibel für Paare,* S. 582 a (»Ein wertvolles Vermächtnis«)

38. Zwei Engel im Tierheim

Melden Sie sich als freiwillige Helfer in einem Tierheim in Ihrer Umgebung. Setzen Sie Ihre Zeit und Kraft ein, um Tieren in Not zu helfen.

Das Tüpfelchen auf dem i

Um diese Aktion im größeren Rahmen durchzuführen, könnten Sie die Patenschaft für ein Tier übernehmen. In diesem Fall sollten Sie sich auf Ihren Besuch im Tierheim noch weiter vorbereiten und sich darüber informieren, was eine solche Patenschaft in der von Ihnen ausgewählten Einrichtung konkret bedeutet (von der rein finanziellen Unterstützung bis hin zu Besuchen und Gassi gehen). Wenn Sie überlegen, ein Tier dauerhaft bei sich aufzunehmen, werden die Verantwortlichen Gespräche mit Ihnen führen und Sie über die Besonderheiten Ihres zukünftigen Mitbewohners beraten.

Wer weiß, vielleicht entscheiden Sie sich auch für eine Patenschaft und merken im Laufe Ihrer Besuche, dass Sie Ihr Patentier gern mit nach Hause nehmen würden.

Zum Ablauf

Um einen passenden Termin für Ihren Einsatz zu finden, sollten Sie mit dem Tierheim frühzeitig Kontakt aufnehmen. Manche Einrichtungen haben es nicht so gern, wenn Helfer nur ein einziges Mal kommen. Sie suchen nach Leuten, die kontinuierlich ehrenamtlich mitarbeiten möchten. Wenn der Bedarf jedoch sehr groß ist, kann eine solche Vorgabe vielleicht auch gelockert werden.

Sie und Ihr/e Partner/in werden sicherlich Zeit mit den Tieren verbringen, sollten allerdings auch bereit sein, andere Arbeiten zu übernehmen. Je nachdem, wo Hilfe benötigt wird, könnten Sie auch gebeten werden, Käfige zu säubern, Futtersäcke aufzustapeln, Besorgungen zu machen oder sich um Besucher zu kümmern, die sich nach einem Haustier umsehen wollen.

Wenn Sie beide während der Arbeit Zeit haben, sich zu unterhalten, sprechen Sie doch einmal darüber, ob Sie in Ihrer Kindheit Haustiere hatten. Falls ja, wie hießen sie? Wie sahen sie aus? Inwiefern vermissen Sie sie? Sie könnten sich auch über Ihr »Traumhaustier« austauschen.

 ## Die richtige Sprache sprechen

Wenn Hilfsbereitschaft die wichtigste Liebessprache Ihres Partners / Ihrer Partnerin ist, können Sie Ihre Liebe ganz konkret zeigen, indem Sie ihm/ihr bestimmte Aufgaben bei der Versorgung Ihres Patentieres abnehmen oder auch bei den Vorbereitungen zur Aufnahme Ihres Patentieres bei sich zu Hause. Richten Sie dem Tier ein gemütliches Plätzchen ein, füttern Sie es, geben Sie ihm ggf. die erforderlichen Medikamente und machen Sie hinter ihm sauber. Auf diese Weise ermöglichen Sie es Ihrem Partner / Ihrer Partnerin, die Zeit mit dem neuen kleinen Freund unbeschwert zu genießen.

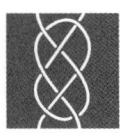

Den »Dritten im Bunde« miteinbeziehen

Lesen Sie gemeinsam die folgenden Bibelverse:

> 1. Mose 1,21: »Er schuf die gewaltigen Seetiere und alle anderen Lebewesen, die sich im Wasser tummeln, dazu die vielen verschiedenen Arten von Vögeln. Gott sah, dass es gut war.«

> Lukas 12,6: »Welchen Wert hat schon ein Spatz? Man kann fünf von ihnen für einen Spottpreis kaufen. Und doch vergisst Gott keinen Einzigen von ihnen.«

> Sprüche 12,10: »Ein guter Mensch sorgt für seine Tiere, der Gottlose aber ist durch und durch grausam.«

Wenn Sie möchten, verwenden Sie die folgenden Fragen und die Denkanstöße in Klammern als Grundlage für Ihr Gespräch über diese Bibelstellen:

> Wenn Sie den Vers aus dem Schöpfungsbericht in 1. Mose 1,21 lesen: Was ist der wichtigste Grund, warum wir uns um die Tiere kümmern sollen? (Gott hat sie geschaffen. Alle Tiere sind das Werk seiner Hände. Allein schon aus diesem Grund sollen wir ihnen unsere Aufmerksamkeit schenken.)

> Auf welche Weise wird das in diesem Vers besonders

betont? (»Gott sah, dass es gut war.« Er freute sich sehr über die Tiere, die er geschaffen hatte.)

➤ In Lukas 12 fordert Jesus seine Jünger auf, sich keine Sorgen zu machen, weil Gott für uns sorgt. Was sagt der Hinweis auf die Spatzen über Gottes Wesen aus? (Seine Fürsorge für die Kreaturen, die er geschaffen hat, endete nicht mit der Schöpfung. Er nimmt jeden einzelnen Vogel, jedes Tier und jeden Menschen wahr und kümmert sich um sie.)

➤ Warum zeigt sich nach Aussage des Verfassers der Sprüche in der Fürsorge für die Tiere, ob ein Mensch gut oder gottlos ist? (Wenn wir für Menschen oder Tiere sorgen, die selbst nichts für uns tun können, verhalten wir uns ähnlich wie Christus. Darin zeigt sich also, dass wir nach Gottes Bild geschaffen sind, denn er sorgt auch für uns, obwohl wir gar nichts für ihn tun können.)

Beten Sie gemeinsam. Danken Sie Gott, dass er so liebenswerte Tiere geschaffen hat. Bitten Sie ihn um seinen Segen, wenn Sie sich um Tiere bei sich zu Hause und in Ihrer Umgebung kümmern.

Lesetipp

Andacht aus der *Bibel für Paare,* S. 1352 b (»Die Macht der Gedanken«)

39. Die ganze Nacht durchmachen

Wann sind Sie das letzte Mal die ganze Nacht aufgeblieben – freiwillig? Tun Sie genau das: Gehen Sie an einem Tag erst ins Bett, wenn die Sonne aufgegangen ist.

Das Tüpfelchen auf dem i

Wenn Sie und Ihr/e Partner/in nicht sowieso Nachteulen sind, wäre es vielleicht gut, am Nachmittag schon mal ein wenig »vorzuschlafen«, falls Ihr Tagesablauf Ihnen einen solchen Luxus erlaubt. Selbst ein kurzes Nickerchen kann schon helfen, nachts länger durchzuhalten.

Alles, was Koffein enthält, ist an diesem Tag Ihr bester Freund. Wenn Sie immer schon einmal eine Tasse Kaffee nach dem Abendbrot trinken wollten, dürfen Sie sich das jetzt gerne gönnen – vielleicht sogar zwei Tassen, da es ja eine lange Nacht werden soll. Wenn Sie kein Kaffeefan sind, dann versuchen Sie es mit Tee, Schokolade, Energydrinks oder Riegeln. Übertreiben sollten Sie es aber nicht.

Eine weitere Strategie besteht darin, aktiv zu bleiben. Wechseln Sie zwischen Aktivitäten im Sitzen und kurzen Spaziergängen oder Work-outs ab – alles, was das Blut und das Adrenalin in Wallung bringt.

Zum Ablauf

Eine lange Nacht bietet unzählige Möglichkeiten. Sie beide könnten einen Film- oder Serienmarathon machen (zum Beispiel mit allen Teilen von »Star Wars« oder »Der Herr der Ringe«) oder abwechselnd Ihre Lieblingsfilme einlegen. Wenn Sie lieber etwas aktiver sein möchten, versuchen Sie es mit einem gemeinsamen Work-out. Machen Sie einen späten Einkauf oder gehen Sie in einem Restaurant mit langen Öffnungszeiten essen. Sie könnten auch einen Mitternachtsspaziergang einlegen – oder einen um zwei Uhr morgens ...

Kombinieren Sie alles, was Sie gern machen möchten, und krönen Sie das Ganze, indem Sie sich den Sonnenaufgang gemeinsam ansehen. Danach können Sie ins Bett fallen.

Unterhalten Sie sich darüber, zu welchen Gelegenheiten Sie die ganze Nacht aufgeblieben sind. Wie alt waren Sie, als Sie das zum ersten Mal gemacht haben? Was war Ihre längste schlaflose Nacht? Welche Auswirkungen hatte sie? Haben Sie Erinnerungen an Übernachtungsbesuche bei Freunden, aus denen dann eine lange Nacht wurde? Wie oft haben Sie sich die Nacht um die Ohren geschlagen, wenn Prüfungen bevorstanden?

Die richtige Sprache sprechen

Wenn Hilfsbereitschaft die wichtigste Liebessprache Ihres Partners / Ihrer Partnerin ist, können Sie ihm/ihr etwas Gutes tun, indem Sie sich über die Folgen Ihrer durchwachten Nacht Gedanken machen. Helfen Sie Ihrem Partner / Ihrer Partnerin bei etwas, das am nächsten Tag ansteht, bzw. übernehmen Sie Erledigungen für ihn/sie. Hängen Sie ein »Bitte nicht stören«-Schild an die Schlafzimmertür. Ermöglichen Sie es Ihrem Partner / Ihrer Partnerin, ein wenig Schlaf nachzuholen.

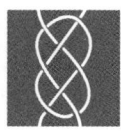

Den »Dritten im Bunde« miteinbeziehen

Lesen Sie gemeinsam Bibelstellen, in denen es ums Schlafen geht. Hier ein paar Vorschläge:

> Markus 5,21-24.35-43
> Matthäus 8,23-27
> Sprüche 3,24
> Sprüche 6,9-11

Abgesehen von dem übergeordneten Thema stehen diese Texte in keinem wirklichen Zusammenhang miteinander. Aber sie können zu interessanten Gesprächen über Gottes Wort anregen. Je nachdem, wie viele der genannten Abschnitte Sie lesen möchten, können Sie eine oder mehrere der folgenden Fragen und Antwortanregungen als Grundlage für Ihr Gespräch verwenden:

➤ Zu Markus 5,21-24.35-43: Warum hat Jesus wohl den Begriff »schlafen« verwendet, um den Zustand des verstorbenen Mädchens zu beschreiben? (Wie Jesus nach seiner Kreuzigung bewiesen hat, ist der Tod – genau wie der Schlaf – nur ein vorübergehender Zustand, der beendet werden kann und wird.)

➤ Zu Matthäus 8,23-27: Was können Sie daraus lernen, dass Jesus während des Sturms schlief, der das Boot zum Kentern zu bringen drohte? (Jesus wusste, was die Jünger nicht wussten – dass er mächtiger war als der Sturm. Daher waren alle, die sich in seiner Obhut befanden, vor den zerstörerischen Auswirkungen des Unwetters sicher. Jesus hatte keinen Grund, sich Sorgen zu machen, darum konnte er schlafen.)

➤ Zu Sprüche 3,24: In diesem Vers spricht der Verfasser der Sprüche über die Weisheit. Warum schenkt die Weisheit uns Ruhe und einen guten Schlaf? (Die Weisheit lässt uns das Wirken Gottes auch in den schwierigen Bereichen unseres Lebens sehen. Sie schenkt uns eine gesunde Perspektive auf unsere Probleme, unser Leid und auf alles, was uns den Schlaf rauben will.)

➤ Zu Sprüche 6,9-11: Wann wird der Schlaf kontraproduktiv? (Menschen, die arbeiten, wenn sie eigentlich schlafen sollten, gefährden ihre Gesundheit. Wer aber schläft, wenn er eigentlich arbeiten sollte, verliert Zeit für die Aufgaben, für die er verantwortlich ist, und wird von anderen als faul wahrgenommen.)

Beten Sie gemeinsam. Danken Sie Gott für das Geschenk, das uns alles andere ermöglicht – aus dem Schlaf aufzuwachen und einen neuen Tag zu erleben. Bitten Sie ihn, dass er Ihnen dabei hilft, das Beste aus jedem Tag zu machen – das Gute aus ihm zu schöpfen und jede Gelegenheit zu nutzen –, damit Sie dann auch Gottes Geschenk eines erholsamen Schlafes genießen können.

Lesetipp

Andacht aus der *Bibel für Paare,* S. 1432 a (»Nicht mehr so wie am Anfang«)

40. Ein Tag wie im Jahr 1800

Hier können Sie Ihre Robustheit, Ihren Ideenreichtum und Ihren Pioniergeist beweisen. Planen Sie einen Tag, an dem Sie so leben wie die Leute damals, als es noch keine Autos, Telefone und Elektrizität gab. Finden Sie heraus, wie gut Sie ohne all die modernen Annehmlichkeiten zurechtkommen.

Das Tüpfelchen auf dem i

Eine kleine Recherche vorab kann sehr zum Gelingen dieser Zeitreise beitragen. Mit ein paar kurzen Klicks bekommen Sie online bereits eine recht gute Vorstellung davon, wie das Leben der Menschen um das Jahr 1800 herum aussah. Wenn Sie Ihre Aktivitäten möglichst nah an der damaligen Lebenswelt gestalten wollen, sollten Sie zum Beispiel herausfinden, was die Menschen zu dieser Zeit in ihrer Freizeit gemacht und welche Lieder sie gesungen haben. Diese und weitere Informationen werden Ihnen dabei helfen, das Leben zu Beginn des 19. Jahrhunderts nachempfinden zu können.

Zum Ablauf

Ihre Aufgabe besteht darin, einen Tag lang wie Pioniere zu leben. Das bedeutet, dass Sie alle Unternehmungen zu Fuß erledigen müssen (es sei denn, Sie haben eine Pferdekutsche). Es bedeutet auch, dass Sie Kerzen oder Laternen zur Beleuchtung verwenden müssen und einen mit Holz befeuerten Herd oder eine Feuerstelle im Freien zum Kochen. Je nachdem, wie weit Sie bei dieser Aktion gehen wollen, könnten Sie auch beschließen, an diesem Tag nur das zu essen, was die Menschen im Jahr 1800 zur Verfügung hatten.

Sie könnten das Ganze auch mit einem Tag im Garten verbinden. Wenn Sie etwas anpflanzen, ernten oder Unkraut jäten wollen, sollten Sie dazu nur Werkzeug und Zubehör verwenden, das es im Jahr 1800 schon gab. Und nichts wäre authentischer, als abends das Gemüse zu kochen, das Sie tagsüber aus Ihrem Beet geholt haben.

 ## Die richtige Sprache sprechen

Wenn Sie sich bei kalten Außentemperaturen in dieses Abenteuer stürzen wollen, sollten Sie etwas improvisieren, um sich im Haus warm zu halten. (Schließlich gab es im Jahr 1800 keine Zentralheizung.) Das ist für jemanden, dessen wichtigste Liebessprache die Zärtlichkeit ist, eine besonders gute Nachricht. Auch wenn Sie in der Nähe Ihres Kamins übernachten können, werden Sie viel Körperwärme brauchen, um es kuschelig zu haben.

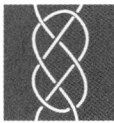

Den »Dritten im Bunde« miteinbeziehen

Lesen Sie gemeinsam Lukas 16,10-15.

Wenn Sie möchten, verwenden Sie die folgenden Fragen und die Denkanstöße in Klammern als Grundlage für Ihr Gespräch über diese Bibelstelle:

> In diesem Text spricht Jesus über Geld als etwas, das Gott uns anvertraut. Welchen Unterschied macht es, ob wir Geld so betrachten oder als etwas, das uns gehört? (Wir sollten Gott um seine Führung bitten, wie wir all das verwenden sollen, was er uns anvertraut hat. Wenn wir jeden Tag Zeit im Gebet verbringen – und auf Gottes Weisheit und Führung bauen –, hilft uns das bei den Entscheidungen, die wir im Hinblick auf Geld und materiellen Besitz treffen müssen.)

> Wie würde sich Ihr Leben verändern, wenn Sie den Stellenwert von Geld und Besitz vor diesem Hintergrund neu einordnen würden? (Vielleicht wären Sie großzügiger und weniger belastet mit Sorgen um Ihren Besitz; vielleicht hätten Sie mehr Zeit für sich selbst und andere.)

> Was sagen diese Verse über ein Leben in Treue gegenüber Gott aus? (Dinge, die uns an einer treuen Bindung an Gott hindern, müssen den ihnen angemessenen Platz finden. Wahre Treue gegenüber Gott bedeutet, dass das Leben mit ihm unsere höchste Priorität ist. Nichts darf uns wichtiger sein.)

Beten Sie gemeinsam. Danken Sie Gott für seine Treue. Bitten Sie ihn, dass er Ihnen hilft, die Ablenkungen und die Prioritäten, die die Welt Ihnen vorgibt, als zweitrangig zu sehen, damit Sie das Leben, das er Ihnen anbietet, voll und ganz annehmen können.

Lesetipp

Andacht aus der *Bibel für Paare,* S. 1418 b (»Innere Reinigung«)

41. Wahrheit oder Pflicht

Das Spiel, das schon zahllosen Teenie-Partys die besondere Würze verliehen hat, kann jetzt für Sie und Ihre/n Partner/in zum Abenteuer werden. Entspannen Sie sich in den eigenen vier Wänden mit ein paar Runden »Wahrheit oder Pflicht«.

Das Tüpfelchen auf dem i

Unterhalten Sie sich mit Freunden aus der Vergangenheit Ihres Partners / Ihrer Partnerin, die mit ihm oder ihr damals vielleicht »Wahrheit oder Pflicht« gespielt haben. Finden Sie heraus, ob diese sich noch an irgendwelche Wahrheiten oder Pflichten erinnern können, die in diesen Spielen vorkamen und die Sie dann in Ihrem eigenen Spiel wiederaufleben lassen könnten.

Wenn keiner mehr Genaueres weiß, fragen Sie nach Informationen, die Sie verwenden können. Hatte Ihr/e Partner/in vielleicht einen geheimen Schwarm? Gibt es irgendeine peinliche Geschichte, an der Ihr/e Partner/in beteiligt war? Solche

Dinge können Sie auf spaßige Weise als »Wahrheiten« in Ihr Spiel einbringen.

Wenn Sie keine Möglichkeit haben, alte Freunde Ihres Partners / Ihrer Partnerin zu befragen, können vielleicht seine/ihre Eltern oder Geschwister Ihnen weiterhelfen.

Zum Ablauf

Das Erfolgsgeheimnis jedes »Wahrheit oder Pflicht«-Spiels sind die richtigen Fragen und Aufgaben. Hier ein paar Ideen:

Wahrheiten
> Was ist das Peinlichste, was dir je passiert ist?
> Welche kindische Angewohnheit hast du noch heute?
> Was war das seltsamste Date, das du je hattest?

Pflichten
> Lass mich deine Frisur so gestalten, wie ich will, ein Foto aufnehmen und es auf einem deiner Social-Media-Accounts posten.
> Iss einen Löffel voll Senf.
> Tanz eine Minute lang ohne Musik.

 ## Die richtige Sprache sprechen

Wenn Hilfsbereitschaft die wichtigste Liebessprache Ihres Partners / Ihrer Partnerin ist, können Sie dieses Abenteuer für ihn/sie zu einem ganz besonderen Erlebnis machen: Organisieren Sie ein Wiedersehen mit alten Freunden – vielleicht sogar mit denjenigen, mit denen er/sie damals »Wahrheit oder Pflicht« gespielt hat.

Den »Dritten im Bunde« miteinbeziehen

Lesen Sie gemeinsam Epheser 4,15:

»Stattdessen wollen wir die Wahrheit in Liebe leben und in allem zu Christus hinwachsen, dem Haupt der Gemeinde.«

Wenn Sie möchten, verwenden Sie die folgenden Fragen und die Denkanstöße in Klammern als Grundlage für Ihr Gespräch über diesen Bibelvers:

> ➤ Wann ist es am schwersten, die Wahrheit zu sagen? (Manchmal ist es schwierig, ehrlich zu sein, weil die Wahrheit uns schlecht dastehen lässt und die Meinung eines anderen Menschen über uns verändern könnte. Es gibt auch Fälle, in denen es schwer ist, einem anderen gegenüber ehrlich zu sein, wenn man nicht weiß, wie er reagieren wird.)
> ➤ Worin besteht der Unterschied, ob wir die Wahrheit sagen oder ob wir sie in Liebe sagen? (Menschen, die einfach nur die Wahrheit sagen, nennen das häufig »brutale Offenheit«. Zwar sind Wahrheit und Offenheit durchaus positiv, aber Brutalität richtet mehr Schaden an, als dass sie Gutes bewirkt. Wenn wir die Wahrheit in Liebe sagen, dann möchten wir unser Gegenüber nicht bestrafen oder beschämen, sondern suchen sein Bestes.)
> ➤ Warum ist es so wichtig, die Wahrheit in Liebe zu sagen?

(Bibelstellen wie 1. Johannes 4,19 machen deutlich, dass die Liebe im Zentrum all dessen stehen sollte, was wir als Nachfolger von Jesus tun. Wir erweisen anderen Liebe, weil Gott uns zuerst seine Liebe erwiesen hat.)

> Warum sollten wir Menschen sein, bei denen andere sich darauf verlassen können, dass wir die Wahrheit in Liebe sagen? (Unaufrichtige Komplimente und oberflächliche Aufmunterungen finden sich überall in den sozialen Netzwerken. Selten gibt es Freunde, die wirklich nur unser Bestes wollen – und die sich nicht scheuen, uns liebevoll das zu sagen, was wir nicht hören möchten. Wenn wir selbst für andere so jemand werden können, haben wir dadurch die Chance, einen positiven geistlichen Einfluss auf deren Leben zu nehmen.)

> Wie kann man am besten die Wahrheit in Liebe sagen? (Vor allem sollte man wissen, wie man am besten mit der anderen Person kommuniziert. Wenn wir deren persönliche Muttersprache der Liebe sprechen, gelingt es uns eher, die Wahrheit in Liebe so zu sagen, dass wir damit Gehör finden.)

Beten Sie gemeinsam. Danken Sie Gott für diejenigen in Ihrem Leben, die Ihnen die Wahrheit in Liebe sagen. Bitten Sie ihn, Ihnen zu helfen, damit Sie ehrlich und liebevoll mit anderen umgehen, sodass diese in Ihnen Menschen sehen, denen man vertrauen kann.

Lesetipp

Andacht aus der *Bibel für Paare*, S. 1328 b (»Gefangene Gedanken«)

42. So schön wie damals ...

Versetzen Sie sich gemeinsam mit Ihrem Partner / Ihrer Partnerin in Ihre Kindheit zurück. Wecken Sie die Erinnerung an Dinge, die Sie damals besonders gern mochten. Überlegen Sie, warum diese für Sie so besonders waren und ob sie auch heute noch eine Faszination für Sie besitzen.

Das Tüpfelchen auf dem i

Wenn Sie die richtigen Kulissen für diese Aktion haben möchten, können Sie zusammen den Ort besuchen, an dem Sie oder Ihr/e Partner/in aufgewachsen sind. Gehen Sie zu dem Spiel- oder Sportplatz, wo Sie damals immer waren. Staunen Sie darüber, wie viel kleiner heute alles wirkt. Suchen Sie auch andere Orte auf, an denen Sie als Kind gern Ihre Freizeit verbracht haben. Gibt es die Eisdiele von damals noch oder den Laden, der immer die beste Süßigkeitenauswahl hatte? Eine Alternative hierzu wäre, die Süßigkeiten zu beschaffen, die Sie und Ihr/e Partner/in als Kinder besonders geliebt haben. Falls es diese in keinem Geschäft mehr gibt, versuchen Sie es übers Internet.

Zum Ablauf

Diese Idee bietet Ihnen viele Optionen. Eine einfache Variante wäre zum Beispiel, dass Sie einen der Lieblingsfilme aus Ihrer Kindheit gemeinsam anschauen und dabei etwas snacken, das Sie als Kinder besonders mochten. Sie können auch Ihr Lieblingsbrett- oder Videospiel spielen oder einander Ihre Lieblingskinderbücher vorlesen.

Bei diesem Abenteuer geht es nicht so sehr darum, was Sie machen, sondern eher um die Erinnerungen und die nostalgischen Gefühle, die Sie damit verbinden. Unterhalten Sie sich während des Ganzen immer wieder darüber, was es mit dem Film, der Süßigkeit oder dem Spiel auf sich hat. Warum hat es Ihnen damals so gut gefallen? Welche Gefühle ruft es heute bei Ihnen hervor? Wie war es, als Sie es das erste Mal erlebten? Und wie reagieren Sie heute darauf? Ist es für Sie immer noch so toll wie damals? Wenn nicht, wie ist es für Sie zu wissen, dass Sie aus dieser Sache »herausgewachsen« sind?

 **Die richtige Sprache sprechen**

Wenn Hilfsbereitschaft die wichtigste Liebessprache Ihres Partners / Ihrer Partnerin ist, können Sie einem alten Hobby oder Interesse von ihm/ihr Aufmerksamkeit zukommen lassen. Wenn Ihr/e Partner/in zum Beispiel Fußballsticker gesammelt hat, die er/sie jetzt in einem alten Schuhkarton aufbewahrt, könnten Sie diese in ein schönes Album einordnen. Wenn er/sie eine Kiste voller Sporttrophäen besitzt, könnten Sie sie noch einmal in einem Regal aufbauen.

Den »Dritten im Bunde« miteinbeziehen

Lesen Sie gemeinsam 1. Korinther 13,11:

»Als Kind redete, dachte und urteilte ich wie ein Kind. Doch als Erwachsener habe ich das kindliche Wesen abgelegt.«

Wenn Sie möchten, verwenden Sie die folgenden Fragen und die Denkanstöße in Klammern als Grundlage für Ihr Gespräch über diesen Vers:

> Was kommt Ihnen in den Sinn, wenn Sie das lesen: »Als Kind dachte ich wie ein Kind«? Welche kindlichen Vorstellungen hatten Sie? (Vielleicht dachten Sie, die Sonne und der Mond wären dasselbe. Oder Superhelden gebe es wirklich. Oder Ihr Papa und Ihre Mama seien die klügsten Menschen der Welt.)

> Welche Ängste hatten Sie als Kind? (Viele Kinder fürchten sich vor der Dunkelheit – oder davor, dass ihren Eltern etwas zustoßen könnte. Manche Kinder entwickeln Ängste vor bestimmten Tieren, Clowns, Höhen, Menschenmengen oder irgendetwas anderem.)

> Wann fingen Sie an, kindliche Überzeugungen abzulegen? (Bei vielen Kindern beginnt dieser Prozess mit der Schulzeit. Gleichaltrige haben eine ziemlich direkte Art, solche Ansichten zu korrigieren.)

> Welche kindlichen Verhaltensweisen waren für Sie be-

sonders schwer abzulegen? (Bei vielen Menschen ist es zum Beispiel Konkurrenzdenken oder Rechthaberei.)

➤ Wenn Sie Ihren christlichen Glauben, wie er heute ist, mit Ihrem Kinderglauben vergleichen, welche Unterschiede sehen Sie? (Ein positiver Unterschied könnte zum Beispiel sein, dass Sie schwierige theologische Konzepte begreifen können. Vielleicht haben auch persönliche Erfahrungen Ihren Glauben vertieft. Eine negative Entwicklung könnte darin bestehen, dass Ihr kindliches Staunen und Ihre Begeisterung im Lauf der Jahre nachgelassen haben.)

Beten Sie gemeinsam. Danken Sie Gott für die geistliche Reife, die Sie bei sich beiden feststellen können. Bitten Sie ihn, dass er Ihnen dabei hilft, kindische Verhaltensweisen weiter abzulegen und in Ihrem Glauben zu wachsen.

Lesetipp

Andacht aus der *Bibel für Paare,* S. 1046 b (»Im Geist der Vergebung«)

43. 2 x 10.000 *Schritte*

Alles, was Sie für diese Aktion brauchen, sind ein Schrittzähler (zum Beispiel auf dem Handy), ein Paar guter Laufschuhe für jeden von Ihnen und eine gute Portion Motivation. Ihr Ziel besteht darin, dass Sie beide jeweils 10.000 Schritte an einem Tag schaffen.

Das Tüpfelchen auf dem i

Sie können sich selbst noch ein paar besondere Herausforderungen stellen, indem Sie Wert auf exakte Erfolge legen. Zum Beispiel können Sie in ein Einkaufszentrum gehen und dort bleiben, bis Sie genau 2.000 Schritte getan haben. Dabei sollten Sie es so koordinieren, dass Sie beide beim zweitausendsten Schritt an Ihrem Auto ankommen. Sie können auch vereinbaren, dass der zehntausendste Schritt an diesem Tag für Sie beide der letzte ist, bevor Sie ins Bett steigen.

Zum Ablauf

Es gibt zahlreiche konventionelle und unkonventionelle Möglichkeiten, wie Sie an einem Tag auf 10.000 Schritte kommen können. Hier ein paar Ideen:

- Wenn Sie einen Hund haben, sollten Sie ihn einmal richtig auspowern und ihm den Spaziergang gönnen, von dem er schon immer geträumt hat – also nicht die kurze Runde um den Block, sondern eine Tour durch eine Gegend, in der er noch nie herumgeschnüffelt hat. Wenn Sie selbst keinen Hund besitzen, melden Sie sich freiwillig bei Ihren Nachbarn oder Freunden, um mit ihrem Hund Gassi zu gehen – am besten wäre es, wenn er ziemlich viel Energie hat.

- Wenn Sie einkaufen gehen, wählen Sie eine Parklücke, die möglichst weit vom Eingang des Geschäftes entfernt ist. Überlassen Sie die nahe gelegenen Parkplätze den Leuten, die an diesem Tag keine 10.000 Schritte hinter sich bringen wollen.

- Tanzen Sie – ob in einem Club oder zu Hause im Wohnzimmer. Sammeln Sie Schritte, während Sie sich gemeinsam mit Ihrem Partner / Ihrer Partnerin zum Rhythmus der Musik bewegen. Sie können sich auch durch Tanz-Tutorials im Internet inspirieren lassen.

- Reservieren Sie einen Tisch in einem Restaurant, das sich auf einer Dachterrasse oder in einem weit oben gelegenen Stockwerk befindet. Nehmen Sie statt des Aufzugs die Treppe, und zwar vor und nach der Mahlzeit.

- Schätzen Sie, wie viele Schritte ein bestimmter Wanderweg in Ihrer Umgebung erfordert. Dann gehen Sie ihn und prüfen, wessen Schätzung der Realität am nächsten kommt.

Arbeiten Sie zusammen und unterstützen Sie einander. Lassen Sie keinen Wettkampf daraus werden. Gehen Sie möglichst viele Ihrer 10.000 Schritte gemeinsam.

Die richtige Sprache sprechen

Wenn Hilfsbereitschaft die wichtigste Liebessprache Ihres Partners / Ihrer Partnerin ist, können Sie ihm/ihr bei dieser Aktion Ihre Liebe ganz praktisch und eindrücklich zeigen: Packen Sie zum Beispiel einen Rucksack für ihn/sie, bevor Sie zu einer Tageswanderung aufbrechen. Füllen Sie ihn mit Snacks, Getränken, Mückenspray, Sonnenmilch, einem Hut und anderen notwendigen Dingen. Stellen Sie sicher, dass Ihr/e Partner/in für alle Eventualitäten gerüstet ist.

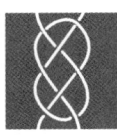

Den »Dritten im Bunde« miteinbeziehen

Lesen Sie gemeinsam 1. Korinther 6,19-20:

»Oder habt ihr etwa vergessen, dass euer Körper ein Tempel des Heiligen Geistes ist, der in euch wohnt und den euch Gott gegeben hat? Ihr gehört also nicht mehr euch selbst. Gott hat euch freigekauft, damit ihr ihm gehört; lebt deshalb so, dass ihr mit eurem Körper Gott Ehre bereitet.«

Wenn Sie möchten, verwenden Sie die folgenden Fragen und

die Denkanstöße in Klammern als Grundlage für Ihr Gespräch über diese Bibelstelle:

> ➤ Warum bezeichnet der Apostel Paulus unseren Körper wohl als einen »Tempel des Heiligen Geistes«? (Wenn wir Christen sind, dann wohnt der Heilige Geist in uns. Unser Körper ist sein Zuhause.)
> ➤ Warum gehören wir nicht uns selbst? (Als Christen haben wir unser Leben Jesus übergeben. Wir haben ihm die Kontrolle überlassen. Unsere eigenen Wünsche und Sehnsüchte sind seinem Willen untergeordnet. Die gute Nachricht ist, dass er aus unserem Leben mehr machen kann, als wir es jemals könnten.)
> ➤ Was ist damit gemeint, dass Gott uns »freigekauft« hat? (Damit wir das ewige Leben haben können, musste Jesus am Kreuz für uns sterben.)
> ➤ Wie können wir Gott mit unserem Körper Ehre bereiten? (Indem wir damit umgehen wie mit einem Geschenk. Wir ehren den Einen, der in uns wohnt, indem wir uns um seinen Tempel kümmern. Wir achten auf unsere Gesundheit, damit wir Gott mit unserem Körper dienen können.)

Beten Sie gemeinsam. Danken Sie Gott für Ihre Gesundheit. Bitten Sie ihn, dass er Ihnen dabei hilft, Ihren Körper als Tempel des Heiligen Geistes zu behandeln.

Lesetipp

Andacht aus der *Bibel für Paare,* S. 42 b (»Sex – eine göttliche Angelegenheit«)

44. Vorfreude ist die schönste Freude!

Wenn diese Aktion eine Mahlzeit wäre, dann würde sie ungefähr zu 75 Prozent aus einem Aperitif bestehen und zu 25 Prozent aus der Vorspeise. Planen sie ein Date mit Ihrem Partner / Ihrer Partnerin – eine entspannende, romantische Unternehmung. Dann versuchen Sie gemeinsam, die Vorfreude darauf zu steigern, und zwar so sehr, dass die Vorfreude zum eigentlichen Abenteuer wird.

Das Tüpfelchen auf dem i

Spannen Sie Freunde und Familienangehörige mit ein. Fädeln Sie es so ein, dass diese Ihrem Partner / Ihrer Partnerin entweder »zufällig« oder geplant über den Weg laufen und ihm eine Botschaft von Ihnen überbringen. Bei jeder Begegnung sollten Ihre Komplizen begeistert von Ihrem geplanten Date schwärmen – wie toll und entspannend sich das anhört und wie sehr Sie sich darauf freuen. Wenn Sie die richtigen Leute am Arbeitsplatz Ihres Partners / Ihrer Partnerin kennen, könnten Sie diese vielleicht dazu animieren, dass sie Ihr Date per Lautsprecher oder über ein internes Memo verkünden.

Zum Ablauf

Der erste Schritt besteht darin, Ihr Date zu planen. Es kann etwas Großes und Extravagantes werden, muss es aber nicht. Wichtig ist nur, dass Sie sich beide darauf freuen. Sobald die Planung steht, können Sie damit beginnen, Ihre Vorfreude immer süßer werden zu lassen.

Das geschieht natürlich zunächst einmal über die persönliche Kommunikation – Text-, Sprachnachrichten und Anrufe, die Ihre eigene Vorfreude zum Ausdruck bringen und die Ihres Partners / Ihrer Partnerin anfeuern sollen. Sie können auch Ihre Social-Media-Kanäle nutzen und einen entsprechenden Status oder eine Story posten. Bestimmt wissen Sie, was Sie Ihrem Partner / Ihrer Partnerin sagen müssen, um eine Sache für ihn/sie noch interessanter zu machen. Hier haben Sie die Gelegenheit, das auf allen erdenklichen Wegen zu tun.

Ihr Versuch, ihn/sie in Bezug auf Ihr geplantes Date richtig euphorisch zu stimmen, kann alles umfassen – von Pralinen über Blumen bis hin zu singenden Telegrammen. Sie könnten eine Nachricht mit Kreide auf den Bürgersteig malen oder einen Schneemann bauen, der ein Schild in der Hand hat. Haben Sie viel Spaß mit Ihrer Aktion. Lassen Sie Ihrer Fantasie freien Lauf, um Ihre/n Partner/in wissen zu lassen, wie sehr Sie sich auf Ihr Date freuen.

Natürlich besteht die Gefahr, dass die Erwartungen zu weit hochgeschraubt werden und die tatsächliche Aktion dagegen verblasst. Das sollte möglichst nicht passieren. Doch selbst wenn, ist das nicht schlimm. Wenn Sie mit dem Schüren Ihrer

Vorfreude bereits so viel Spaß haben, wird allein das für Sie und Ihre/n Partner/in schon zu einer unvergesslichen Erinnerung werden.

Die richtige Sprache sprechen

Wenn Zärtlichkeit die wichtigste Liebessprache Ihres Partners / Ihrer Partnerin ist, sollten Sie im Vorfeld Ihres Dates eine Menge davon vermitteln. Eine kurze Schultermassage oder ein sanftes Flüstern ins Ohr können viel dazu beitragen, dass die Vorfreude auf das große Ereignis steigt.

Den »Dritten im Bunde« miteinbeziehen

Lesen Sie gemeinsam Matthäus 24,36-51. Hier spricht Jesus von seiner Wiederkunft. Seine Worte lassen die Zuhörer gespannt aufhorchen, denn er sagt, dass niemand weiß, wann der Zeitpunkt kommt – nicht einmal die Engel im Himmel. Er fordert alle, die ihm dienen wollen, dazu auf, nicht untätig herumzusitzen und auf seine Rückkehr zu warten, sondern sich konsequent als seine Nachfolger zu erweisen und in seinem Sinne zu handeln.

Wenn Sie möchten, verwenden Sie die folgenden Fragen und die Denkanstöße in Klammern als Grundlage für Ihr Gespräch über diesen Bibeltext:

> ➤ Was lernen Sie daraus, dass in dem Gleichnis, das Jesus erzählt, der Herr seinen Verwaltern bestimmte Auf-

gaben anvertraut hat, die sie bis zu seiner Rückkehr ausführen sollen? (Jesus hat jedem von uns geistliche Gaben gegeben – Talente, Fähigkeiten, Interessen und Begabungen, die wir im Dienst für ihn einsetzen sollen.)

> Warum betont Jesus, dass es wichtig ist, die Arbeit fortzuführen, bis er wiederkommt? (Zum einen gibt es viel zu tun. Wir sind Teil des Leibes Christi in dieser Welt und dürfen mithelfen, das Reich Gottes schon hier lebendig werden zu lassen. Zum anderen wird es dadurch einfacher, voller Freude auf die Wiederkunft von Jesus zu warten.)

> Womit sollten wir uns beschäftigen, bis Jesus wiederkommt? (Unsere höchste Verantwortung ist es, andere zu ihm zu führen und die gute Botschaft, die wir empfangen haben, weiterzugeben. Darüber hinaus haben wir auch die Verantwortung, uns um Menschen in Not zu kümmern, so wie Jesus es getan hat.)

Beten Sie gemeinsam. Danken Sie Gott für die Gewissheit, dass Jesus wiederkommen wird. Bitten Sie ihn, dass er Sie segnet, wenn Sie sich nach seinem Vorbild engagieren, während Sie sich auf seine Wiederkunft freuen.

Lesetipp

Andacht aus der *Bibel für Paare,* S. 720 a (»Auf das Ziel ausgerichtet«)

45. Doppeldate - Junior-Version

Planen Sie ein Doppeldate mit Ihren Eltern – oder mit einem anderen älteren Ehepaar. Genießen Sie die gemeinsame Zeit und die Gespräche. Bestimmt können Sie dabei einiges voneinander lernen.

Das Tüpfelchen auf dem i

Planen Sie einen schönen Abend mit dem älteren Paar. Sie könnten zum Beispiel in dem Restaurant essen, in dem die beiden sich schon getroffen haben, als sie in jungen Jahren miteinander ausgegangen sind. Oder Sie könnten sich gemeinsam einen Filmklassiker ansehen. Oder an einem der Lieblingsorte des älteren Paares ein Picknick veranstalten – vielleicht in einem Park oder auf einer Waldlichtung. Auch der Besuch eines Museums wäre eine Idee. Ihre Unternehmung sollte so geplant sein, dass sie für Ihre beiden Gäste ein besonderes Erlebnis wird.

Zum Ablauf

Ganz gleich, was Sie vorhaben – Ihre oberste Priorität sollte es sein, Ihr Zusammensein auszukosten. Wenn es sich bei Ihren Begleitern um Ihre Eltern oder Schwiegereltern handelt, investieren Sie damit im Prinzip in eine freundschaftliche Beziehung zueinander. Das mag für Sie oder Ihre/n Partner/in eine ganz neue Dynamik sein. Falls dem so ist, sollten Sie es dankbar annehmen. Sie werden feststellen, dass sich ein solcher Abend auch langfristig positiv auf Ihren Umgang mit Ihren Eltern oder Schwiegereltern auswirken kann.

Die Gespräche sollten bei dem Ganzen das Wichtigste sein. Ermutigen Sie das ältere Paar, Erinnerungen an die Orte, die Sie aufsuchen, oder an die Dinge, die Sie unternehmen, mit Ihnen zu teilen. Heikle Themen wie zum Beispiel Politik sollten Sie vermeiden, damit es nicht zu hitzigen Diskussionen kommt. Dagegen sollten Sie natürlich durchaus die Gelegenheit nutzen, Fragen zu stellen, die Ihnen helfen, die beiden besser zu verstehen. Bitten Sie sie, Ihnen offen von den Problemen zu erzählen, die sie als Paar oder ggf. bei der Erziehung ihrer Kinder bewältigen mussten. Fragen Sie ihnen ruhig Löcher in den Bauch und nehmen Sie aus ihren Erzählungen so viel wie möglich für Ihr eigenes Leben und Ihre Beziehung mit.

 ## Die richtige Sprache sprechen

Wenn Sie das Doppeldate mit den Eltern Ihres Partners / Ihrer Partnerin haben – und wenn dessen/deren wichtigste Liebessprache Lob und Anerkennung ist –, ist dies die perfekte

Gelegenheit für einen ganz besonderen Abend. Fragen Sie die beiden im Laufe Ihres Dates, wie sie es geschafft haben, bei Ihrem Partner / Ihrer Partnerin so positive Eigenschaften hervorzubringen (falls Sie selbst Kinder haben, können Sie in dem Zuge nach guten Erziehungstipps fragen). Je spezifischer Sie diese Eigenschaften Ihres Partners / Ihrer Partnerin benennen, desto erfüllender wird der Abend für ihn/sie sein – und natürlich auch für die stolzen Eltern.

Den »Dritten im Bunde« miteinbeziehen

Lesen Sie gemeinsam 2. Mose 18,1-26. Hier wird berichtet, wie Jitro, der Priester von Midian, seinen Schwiegersohn Mose besucht, während die Israeliten auf dem Weg ins verheißene Land sind. Er beobachtet mit Verwunderung, wie Mose einen ganzen Tag und Abend damit verbringt, als Richter die Streitigkeiten der Israeliten zu schlichten.

Jitro ermutigt Mose, Richter zu ernennen, die diese Arbeit erledigen können, damit Mose selbst sich den größeren Führungsaufgaben widmen kann und nur noch in besonders schwierigen Fällen vermitteln muss. Mose folgt Jitros Rat und lernt zu delegieren. Nicht zuletzt dank Jitros Eingreifen wird Mose zu einer großen Führungspersönlichkeit.

Wenn Sie möchten, verwenden Sie die folgenden Fragen und die Denkanstöße in Klammern als Grundlage für Ihr Gespräch über diesen Bibeltext:

> ➤ Was war Jitros Motivation, Mose diesen Rat zu geben? (Er wollte, dass Mose seine Führungsqualitäten best-

möglich entwickeln konnte – um seiner selbst willen, aber auch für das Volk, das er leitete.)

> Warum ist es wichtig zu überlegen, aus welcher Motivation heraus jemand uns einen Rat gibt, bevor wir diesen befolgen? (Manchmal wollen andere Menschen nicht unbedingt unser Bestes.)

> Warum ist es wichtig, eine demütige Haltung zu bewahren? (Unser Stolz kann uns dazu verführen, dass wir meinen, mehr zu wissen, als es wirklich der Fall ist. Die Demut aber lässt uns nach der Weisheit suchen, wo immer wir sie finden können.)

> An wen wenden Sie sich in der Regel, wenn Sie einen vertrauenswürdigen Ratschlag brauchen? (Wenn es nicht Ihre Eltern sind, dann haben Sie vielleicht ein/e Mentor/in oder ältere Geschwister, die Sie fragen können.)

> Was war der beste Ratschlag, den Sie je erhalten haben? (Bei manchen ist es ein finanzieller Tipp, bei anderen eine gute Empfehlung hinsichtlich ihrer beruflichen Karriere. Wieder andere haben vielleicht einen von Herzen kommenden Rat für ihre Ehe/Partnerschaft mit auf den Weg bekommen.)

Beten Sie gemeinsam. Danken Sie Gott für die weisen Ratschläge und Hilfestellungen, die Sie schon erhalten haben. Bitten Sie ihn, dass er auch Sie zu Menschen macht, die anderen durch ihren guten Rat weiterhelfen können.

Lesetipp

Andacht aus der *Bibel für Paare,* S. 80 a (»Ratschläge annehmen«)

46. Die Regie abgeben

Diese Aktion wird Ihnen vielleicht ein wenig riskant vorkommen: Lassen Sie Freunde, Ihre Eltern oder, falls Sie welche haben, Ihre Kinder entscheiden, was Sie machen sollen. Geben Sie ihnen die Rahmenbedingungen der Unternehmung vor – wie lange sie dauern soll, wie weit Sie dafür zu fahren bereit sind und andere grundlegende Informationen. Die Details sollen dann die von Ihnen gewählten »Regisseure« festlegen. Verpflichten Sie sich, genau das zu tun, was sie vorschlagen.

Das Tüpfelchen auf dem i

Sie sollten sich während Ihres Dates etwas Zeit nehmen, um in einem privaten Gruppenchat ein paar Updates zu posten. Lassen Sie die Planer wissen, wie gut Ihnen all das gefällt, was sie sich für Sie ausgedacht haben. Mit Sicherheit freuen Sie sich auch über ein paar Fotos. Nutzen Sie die Gelegenheit auch dafür, sich zu bedanken. Vielleicht fällt Ihnen auch etwas Witziges ein, zum Beispiel etwas wie ein verrücktes Foto von Ihnen auf der Tanzfläche mit der Nachricht: »Dank euch haben wir endlich unser rekordverdächtiges Tanztalent entdeckt.«

Zum Ablauf

Falls Sie kleine Kinder haben, die die Planung übernehmen sollen, brauchen sie vielleicht ein bisschen Unterstützung. Geben Sie ihnen ein paar Alternativen, unter denen sie auswählen können. Zum Beispiel könnten Sie fragen: »Sollen Mama und Papa ein Museum besuchen, einen langen Spaziergang im Park machen oder lieber ein Fußballspiel anschauen?« Sie könnten die Kinder auch entscheiden lassen, wo Sie während Ihrer Unternehmung essen gehen sollen und ihnen dazu ein paar Restaurants nennen. Möglichkeiten zur Auswahl vorzuschlagen, ist auch dann eine gute Idee, wenn Sie Ihre Eltern oder Freunde als Regisseure engagiert haben und ihnen lieber eine grobe Richtung vorgeben wollen.

Wenn Ihre Planer ältere Kinder oder Erwachsene sind, ermutigen Sie sie, etwas mehr Gedankenarbeit in die Vorbereitung zu stecken. Ihre Ideen werden wahrscheinlich eine Mischung sein zwischen dem, was sie selbst mögen, und dem, was Sie beide ihrer Vermutung nach gut fänden. Bitten Sie die »Regisseure«, Ihnen die Gründe zu verraten, warum sie bestimmte Dinge ausgesucht haben.

Um sich voll und ganz auf dieses Abenteuer einlassen zu können, sollten Sie bereit sein, Ihre Komfortzone zumindest ein Stück weit zu verlassen. Wenn die Planer jedoch etwas vorschlagen, mit dem Sie sich wirklich unwohl fühlen, sollten Sie sich das Recht vorbehalten, sie um einen anderen Vorschlag zu bitten. Je nachdem, wie viel Kontrolle Sie abgeben möchten, könnten Sie das Planungsteam sogar Vorschläge für Themen machen lassen, über die Sie sich während Ihres Dates unterhalten sollen.

Egal wofür Sie und die Eventmanager sich am Ende entscheiden – tun Sie Ihr Bestes, um es in die Tat umzusetzen, auch wenn Sie selbst nie auf die Idee gekommen wären. Später sollten Sie ein kleines Feedback geben und sich noch mal bedanken.

 ## Die richtige Sprache sprechen

Wenn Lob und Anerkennung die wichtigste Liebessprache Ihres Partners / Ihrer Partnerin ist, bietet Ihnen die Aktion eine Steilvorlage, um mit ihm/ihr über die positiven Eigenschaften zu sprechen, die er/sie mit seinen/ihren Eltern oder Freunden gemeinsam hat oder die Sie bei Ihren Kindern wiederentdecken. Seien Sie mit Ihrem Lob möglichst konkret und zeigen Sie sich dankbar dafür, das Leben mit einem so wundervollen Menschen teilen zu dürfen.

 ## Den »Dritten im Bunde« miteinbeziehen

Falls Sie Eltern sind und die Idee mit Ihren Kindern durchgeführt haben, lesen Sie gemeinsam 1. Timotheus 4,12:

»Niemand hat ein Recht, auf dich herabzusehen, weil du noch so jung bist. Allerdings musst du für die Gläubigen ein Vorbild sein: in allem, was du sagst und tust, in der Liebe, im Glauben und in deinem aufrichtigen Lebenswandel.«

Wenn Sie möchten, verwenden Sie die folgenden Fragen und die Denkanstöße in Klammern als Grundlage für Ihr Gespräch über diesen Bibelvers:

> Warum neigen Menschen dazu, auf Jüngere herabzuse-
> hen – nicht nur in geistlichen Dingen, sondern auch in
> anderen Lebensbereichen? (Sie verwechseln Alter mit
> Weisheit.)

> Wie würden Sie die geistliche Reife Ihrer Kinder be-
> schreiben? Wenn Sie mehrere Kinder haben, schätzen
> Sie jedes einzeln ein. (Manche Kinder sind in einem
> Bereich besonders reif, dafür in einem anderen sehr
> viel weniger.)

> Was sehen Sie als den nächsten Schritt im geistlichen
> Wachstum Ihrer Kinder an? (Abhängig vom Alter der
> Kinder könnte der nächste Schritt zum Beispiel darin
> bestehen, dass sie eigenständig in der Bibel lesen und
> beten, ohne dass Sie dazu die Anregung geben.)

> Was können Sie tun, um das geistliche Wachstum Ih-
> rer Kinder zu fördern? (Das Wichtigste, was Eltern tun
> können, ist, den individuellen geistlichen Weg ihrer
> Kinder anzuerkennen. Familienandachten und Zeiten
> des gemeinsamen Gebets sind ein wesentlicher Beitrag,
> ebenso aber auch persönliche Gespräche – sich mit je-
> dem Kind über seine besonderen geistlichen Gaben,
> Fragen, Zweifel und Probleme zu unterhalten.)

Beten Sie gemeinsam. Danken Sie Gott dafür, dass er Ihnen
die Aufgabe gegeben hat, ein geistliches Fundament für Ihre
Kinder zu legen. Bitten Sie ihn um seine Hilfe, damit Sie selbst
als Christen authentisch leben und Ihre Kinder von Ihnen lernen können.

Lesetipp

Andacht aus der *Bibel für Paare,* S. 162 b (»Konsequent sein«)

47. Ganz spontan

Was ist das Spontanste, was Sie jemals gemacht haben? Hier haben Sie die Gelegenheit, das noch zu toppen. Machen Sie gemeinsam mit Ihrem Partner / Ihrer Partnerin einen riesigen Schritt aus Ihrer Komfortzone heraus und tun Sie etwas, das Sie normalerweise nicht tun würden, wenn Sie länger darüber nachdenken könnten.

Das Tüpfelchen auf dem i

Das mag sich jetzt widersprüchlich anhören, aber Sie können sich Ihre spontane Entscheidung etwas leichter machen, indem Sie ein paar Vorbereitungen treffen. Wenn Sie beispielsweise den richtigen Eimer Farbe bereits zu Hause stehen haben, ist es einfacher, spontan das Schlafzimmer neu zu streichen. Ebenso kann die spontane Entscheidung, sich ein Tattoo stechen zu lassen, sehr viel schneller umgesetzt werden, wenn man sich vorher ein gutes Studio ausgesucht und sich Gedanken über das Motiv gemacht hat.

Zum Ablauf

Die Liste möglicher spontaner Aktionen ist lang, vielseitig und reicht von ganz verrückten bis hin zu harmloseren Dingen. Sie können sich den Kopf rasieren. Ein Zimmer in Ihrem Haus neu streichen. Mit dem Fallschirm abspringen. Sich einfach ins Auto setzen und losfahren, ohne genau zu wissen, wohin.

Das soll nun nicht heißen, dass Sie Ihren gesunden Menschenverstand abschalten oder etwas tun sollen, das Sie später bereuen werden – es bedeutet einfach nur, dass Sie mögliche Ängste und auch die einen oder anderen Hemmungen zum Schweigen bringen sollen, um aus dem Gewohnten auszubrechen.

Während Ihres Abenteuers könnten Sie sich darüber unterhalten, in welchen Bereichen Ihres Lebens es Ihnen leichtfällt, mutig zu sein, zum Beispiel wenn es um Ihr Aussehen geht, Ihre politischen Überzeugungen oder andere Dinge. Das könnte Sie dann zu den Punkten hinführen, in denen es Ihnen schwererfällt. Je nach Persönlichkeit könnte das zum Beispiel sein, dem Chef zu widersprechen oder mit bestimmten Freunden und Familienangehörigen über Ihren Glauben zu sprechen.

 ## Die richtige Sprache sprechen

Wenn Zweisamkeit die wichtigste Liebessprache Ihres Partners / Ihrer Partnerin ist, können Sie ihn/sie mit einer ganz simplen organisatorischen Entscheidung beeindrucken: Suchen Sie in Ihrem Kalender einen Termin, den Sie kurzfristig absagen oder verschieben können. Dann planen Sie stattdessen eine gemeinsame Zeit mit Ihrem Partner / Ihrer Partnerin ein und unternehmen etwas, das Ihnen beiden gut gefällt.

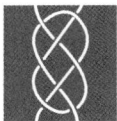 ## Den »Dritten im Bunde« miteinbeziehen

Lesen Sie gemeinsam die folgenden Bibelverse:

- Sprüche 28,1: »Wer sich von Gott losgesagt hat, ist auf der Flucht, auch wenn niemand ihn verfolgt; wer aber Gott gehorcht, fühlt sich sicher wie ein Löwe.«
- Apostelgeschichte 4,13: »Die Mitglieder des Hohen Rates wunderten sich darüber, mit welcher Sicherheit Petrus und Johannes auftraten; wussten sie doch, dass es einfache Leute ohne besondere Bildung waren. Aber sie erkannten die beiden als Jünger von Jesus wieder.«
- Hebräer 13,6: »Deshalb können wir voller Vertrauen bekennen: ›Der Herr hilft mir, ich brauche mich vor nichts und niemandem zu fürchten. Was kann ein Mensch mir schon antun?‹«

Wenn Sie möchten, verwenden Sie die folgenden Fragen und die Denkanstöße in Klammern als Grundlage für Ihr Gespräch über diese Verse:

- Warum sind Menschen, die Gott gehorchen, mutiger und zuversichtlicher als Menschen, die sich von ihm losgesagt haben? (Menschen, die Gott vertrauen, reden und handeln in seinem Auftrag. Jeder, der sich für Gottes Reich einsetzt, wird von ihm unterstützt. Wenn wir das wissen, können wir den nötigen Mut dazu aufbringen.)
- Warum aber scheint es manchmal umgekehrt zu sein –

dass Menschen, die Gott vertrauen, die Flucht antreten, während diejenigen, die ihn nicht kennen oder sich von ihm abgewendet haben, ihre Pläne kühn in die Tat umsetzen? (Gläubige Menschen verlieren manchmal aus dem Blick, wer die Quelle ihres Mutes ist, so wie Petrus im Sturm auf dem See in Matthäus 14,28-30.)

> Lesen Sie Apostelgeschichte 4,1-22. Nachdem Jesus in den Himmel zurückgekehrt war, wurden seine Jünger Petrus und Johannes dem Hohen Rat vorgeführt, in dem die höchstgebildeten und meistrespektierten Männer Israels saßen. Warum schienen Petrus und Johannes diesen so unterlegen zu sein? (Die beiden waren ungebildete Fischer.)

> Warum konnten Petrus und Johannes unter diesen Umständen trotzdem so mutig sprechen? (Sie wollten mit dem Hohen Rat keine theologische Debatte führen, sondern gaben einfach nur weiter, was sie selbst bei Jesus gesehen und gehört hatten. Gegen persönliche Erfahrungen lässt sich nur schwer etwas einwenden.)

> Wie reagieren Menschen, wenn sie bei anderen ein mutiges Verhalten beobachten? (Manche fühlen sich zu selbstsicheren und mutigen Menschen hingezogen und lassen sich von ihnen anstecken. Andere kritisieren sie oder suchen bei ihnen nach Fehlern, weil sie ihnen zu selbstbewusst oder anmaßend erscheinen. Auf jeden Fall erregt ein mutiges Verhalten Aufmerksamkeit.)

> Wie könnte es aussehen, wenn Menschen ihr Leben im Sinne von Hebräer 13,6 führen? (Sie würden zum Beispiel auch solchen Leuten von ihrem Glauben erzählen, die sie einschüchtern wollen. Sie würden sich für Menschen einsetzen, die von anderen gemobbt werden.)

Beten Sie gemeinsam. Danken Sie Gott dafür, dass er uns mit allem ausgerüstet hat, was wir brauchen, um mutig zu sein. Bitten Sie ihn, dass er Ihnen hilft, Ihren Glauben unerschrocken zu bekennen.

Lesetipp

Andacht aus der *Bibel für Paare,* S. 252 a (»Apropos Glauben …«)

48. Geburtstagsgrüße, die von Herzen kommen

Hier haben Sie die Möglichkeit, zwei Fliegen mit einer Klappe zu schlagen: Sie können ein unvergessliches Abenteuer mit Ihrem Partner / Ihrer Partnerin erleben und zugleich Geld für Geburtstagskarten sparen, indem Sie gemeinsam kreative Geburtstagsgrüße für Ihre Freunde und Angehörigen aufnehmen.

Das Tüpfelchen auf dem i

Sie können diese Aktion zu etwas ganz Besonderem machen, indem Sie (mehr oder weniger) berühmte Persönlichkeiten bitten, Ihnen beim Versenden der Geburtstagsgrüße zu helfen. Je nachdem, wo Sie wohnen, könnten Sie solche Leute bei Veranstaltungen oder Konzerten in Ihrer Umgebung antreffen. Mit etwas organisatorischem Talent kann es Ihnen auch gelingen, örtlich ansässige bekannte Persönlichkeiten aus Politik, Sport, Zeitungsverlagen und Radiosendern ausfindig zu machen und sie um ihr Mitwirken bei der Aufnahme lustiger Geburtstagsgrüße zu bitten.

Zum Ablauf

Alles, was Sie für die Umsetzung dieser Idee brauchen, ist eine Videokamera (das kann auch die Ihres Smartphones sein) und etwas Kreativität. Erstellen Sie eine Liste der Freunde und Familienmitglieder, denen Sie normalerweise Geburtstagsgrüße schicken, und nehmen Sie für jede Person jeweils eine kurze Videobotschaft auf, die Sie ihr dann zum Geburtstag zukommen lassen. Je nachdem, um wen es sich handelt, können Ihre Botschaften lustig, ironisch, schräg oder besonders herzlich sein.

Sie können sich einen besonderen Spaß erlauben, indem Sie Ihre Grüße zu einer ganz anderen Jahreszeit aufnehmen. Wenn also jemand im Sommer Geburtstag hat, dann drehen Sie das Video im Winter – und umgekehrt. Dabei können Sie so tun, als ob Sie Ihren kleinen Film tatsächlich am Geburtstag der betreffenden Person aufgenommen hätten. Wenn jemand zum Beispiel Mitte Februar Geburtstag hat, stellen Sie sich in die Augustsonne und sagen: »Wie es scheint, ist es dieses Jahr an deinem Geburtstag ungewöhnlich warm.« Oder wenn jemand im Sommer Geburtstag hat, können Sie das Video mit der Nahaufnahme eines Schneeballs beginnen und dem Satz: »Du fragst dich bestimmt, wo wir mitten im August einen Schneeball gefunden haben.« Dann zoomen Sie wieder zurück und zeigen dem Geburtstagskind die riesigen Schneehaufen, die überall liegen. Ob ihm wohl sofort klar sein wird, wie sie das gemacht haben?

Speichern Sie Ihre Videos in einem leicht auffindbaren Ordner und benennen Sie die Dateien klar mit Namen und Datum, damit Sie sie dann zur rechten Zeit verschicken können.

Die richtige Sprache sprechen

Wenn Zärtlichkeit die wichtigste Liebessprache Ihres Partners / Ihrer Partnerin ist, können Sie ein paar Ihrer Videoclips entsprechend inszenieren. Zum Beispiel könnten Sie so tun, als würden Sie beide um die Kamera kämpfen. Oder einer von Ihnen nimmt den anderen auf den Arm.

Den »Dritten im Bunde« miteinbeziehen

Lesen Sie gemeinsam die folgenden Bibeltexte:

> Prediger 3,1-4: »Jedes Ereignis, alles auf der Welt hat seine Zeit: Geborenwerden und Sterben, Pflanzen und Ausreißen, Töten und Heilen, Niederreißen und Aufbauen, Weinen und Lachen, Klagen und Tanzen.«

> Psalm 118,24: »Diesen Freudentag hat er gemacht, lasst uns fröhlich sein und jubeln!«

Wenn Sie möchten, verwenden Sie die folgenden Fragen und die Denkanstöße in Klammern als Grundlage für Ihr Gespräch über diese Verse:

> Warum feiern wir Geburtstage – oder die »Zeit des Geborenwerdens«, wie der Verfasser des Predigerbuches es ausdrückt? (Geburtstage ermöglichen es uns, einmal im Jahr besonders hervorgehoben zu werden und uns als jemand Besonderes zu fühlen. Über die sozialen Netzwer-

ke erhalten wir vielleicht Glückwünsche von Menschen aus unterschiedlichen Phasen unseres Lebens. Das gibt uns die Gelegenheit, darüber nachzudenken, wie viele Menschen unser Leben schon beeinflusst haben – oder wie viele schon von uns beeinflusst worden sind.)

➤ Warum ist es so wichtig, sich die Zeit zum Lachen und Tanzen zu nehmen? (Der Druck durch Stress und Konfliktsituationen in der Familie, auf der Arbeit und bezüglich unserer finanziellen Lage, gesundheitliche Probleme und vieles andere können unsere Zeit und Aufmerksamkeit völlig in Beschlag nehmen, wenn wir nicht gegensteuern. Darum ist es wichtig, ganz bewusst schönen Dingen Raum zu geben.)

➤ Wie können wir uns auf angemessene Weise freuen und dankbar sein für all das Gute, das Gott uns jeden Tag schenkt? (Gott im Gebet und mit Liedern zu danken, wäre schon ein guter Anfang. Sich einen fröhlichen Geist zu bewahren, auch wenn es Schwierigkeiten gibt, ist nicht leicht, aber für uns und die Menschen in unserem Leben mehr als gewinnbringend.)

Beten Sie gemeinsam. Danken Sie Gott für die Zeiten, die unser Leben reich und erfüllt sein lassen. Bitten Sie ihn um Weisheit, damit Sie erkennen, für was es an der Zeit ist, und damit Sie die Phasen Ihres Lebens so annehmen können, wie sie sind.

Lesetipp

Andacht aus der *Bibel für Paare,* S. 696 a (»Das Glas ist immer halb …«)

49. Spiele aus dem Stegreif

Wie kreativ sind Sie? Treten Sie gern gegeneinander an? Hier haben Sie die Gelegenheit, Kreativität und Kampfgeist miteinander zu kombinieren. Versuchen Sie innerhalb von ein paar Stunden möglichst viele Spielideen zu entwickeln – nur mithilfe Ihrer Fantasie und der Gegenstände, die Sie spontan zur Hand haben.

Das Tüpfelchen auf dem i

Nachdem Sie ein paar Stegreifspiele ausprobiert haben, sollten Sie die Köpfe zusammenstecken und versuchen, ein ausgeklügeltes Spiel zu erfinden, das Sie mit der ganzen Familie spielen können. (Ein Beispiel: das Selfie-Spiel. Geben Sie ein Smartphone herum, nachdem Sie in der Kamera-App die Timer-Funktion aktiviert haben. Wenn der Blitz aufleuchtet, während Sie es in der Hand haben, gibt es danach nicht nur ein blödes Foto von Ihnen, sondern Sie müssen auch noch eine blöde Aufgabe erledigen, die die anderen sich ausgedacht haben.)

Dabei sollten Sie nicht nur das große Ganze im Blick haben – das Ziel des Spieles –, sondern auch die kleinen Details. Sie müssen zum Beispiel festlegen, was erlaubt ist und was nicht, was passiert, wenn eine Regel verletzt wird, wie man Punkte erzielt und wie man das Spiel letztendlich gewinnt. Schreiben Sie eine kleine Spielanleitung, damit Ablauf und Regeln nachlesbar sind. Wer weiß? Vielleicht entwickelt sich Ihre Idee ja zum neuen Lieblingsspiel Ihrer Familie!

Zum Ablauf

Man kann praktisch aus allem ein Spiel oder einen Wettbewerb machen. Wenn Sie zum Beispiel einen Eiswürfel haben, ein Paar Essstäbchen, eine freie Küchenarbeitsfläche und etwas, das Sie als Tor verwenden können, dann können Sie Minihockey spielen.

Arbeiten im Haushalt können Sie ebenfalls in einen Wettbewerb ummünzen. Angenommen Sie planen Ihren wöchentlichen Einkauf. Sie haben eine Liste und wissen, dass Sie ungefähr 100 Euro ausgeben werden. Teilen Sie die Liste auf und suchen Sie beide abwechselnd Dinge aus, die Sie einkaufen werden. Dann besorgt jeder das, was auf seiner Liste steht. Wer am Ende am nähesten an 50 Euro herankommt, hat gewonnen.

Machen Sie sich bewusst, wie man durch ein wenig Kreativität und Nachdenken fast jede Situation verbessern kann – oder zumindest interessanter gestalten. Es geht darum, in allem das Potenzial für etwas zu entdecken, das Spaß macht.

Die richtige Sprache sprechen

Wenn die wichtigste Liebessprache Ihres Partners / Ihrer Partnerin die Zweisamkeit ist, können Sie dem Ganzen noch eine besondere Würze verleihen, indem Sie sich Spiele ausdenken, bei denen es darum geht, mit Ihrem Partner / Ihrer Partnerin zusammenzuarbeiten, statt gegeneinander anzutreten. Ein Beispiel: Sie könnten versuchen, mit einem Mülleimer in einer Minute so viele Papierkugeln wie möglich aufzufangen. Einer von Ihnen dreht dem Eimer den Rücken zu und wirft die Papierkugeln so schnell wie möglich über die Schultern, während der andere hin und her rennt und versucht, die Kugeln aufzufangen, bevor sie auf den Boden fallen.

Den »Dritten im Bunde« miteinbeziehen

Lesen Sie gemeinsam die folgenden Bibelstellen:

> 1. Korinther 9,24: »Ihr kennt das doch: Von allen Läufern, die im Stadion zum Wettlauf starten, gewinnt nur einer den Siegeskranz. Lauft so, dass ihr ihn gewinnt!«

> Philipper 2,3-4: »Weder Eigennutz noch Streben nach Ehre sollen euer Handeln bestimmen. Im Gegenteil: Seid bescheiden und achtet den anderen mehr als euch selbst. Denkt nicht an euren eigenen Vorteil. Jeder von euch soll das Wohl des anderen im Auge haben.«

Wenn Sie möchten, verwenden Sie die folgenden Fragen und die Denkanstöße in Klammern als Grundlage für Ihr Gespräch über diese Textstellen:

> Der Apostel Paulus verwendet das Beispiel eines Wettlaufs, den nur einer gewinnen kann, als Bild für das Leben als Christ. Welchen Sinn hat der Wettkampfgedanke hier? (Ein Wettkampf motiviert uns, alles zu geben, um ein Ziel zu erreichen – alle unsere von Gott geschenkten Fähigkeiten einzusetzen, um seinen Willen zu erfüllen.)

> Wann wird ein solcher Wettbewerb zum Problem? (Wenn der Wunsch, unser Bestes zu geben, getrübt wird durch den Wunsch zu gewinnen – zu beweisen, dass wir »besser« sind als andere.)

> Wenn wir uns die Worte von Paulus in Philipper 2,3-4 zu Herzen nehmen, wie könnte uns das bei unserem Wettlauf beeinflussen? (Wir können immer noch in jeder Hinsicht unser Bestes geben. Wenn wir jedoch durch jemand anderen übertroffen werden, sollten wir uns mit ihm freuen – das heißt, uns fair und großzügig verhalten, auch wenn wir nicht gewonnen haben.)

Beten Sie gemeinsam. Danken Sie Gott dafür, dass er Ihnen alle Fähigkeiten gegeben hat, die Sie für die Herausforderungen des Lebens brauchen. Bitten Sie ihn, dass er Sie zu Menschen macht, die bescheiden sind und auch die Interessen der anderen im Blick haben.

Lesetipp

Andacht aus der *Bibel für Paare,* S. 748 a (»Gemeinsam im Team«)

50. Doppeldate - Senior-Version

Planen Sie doch mal ein Doppeldate mit einem wesentlich jüngeren Paar aus Ihrer Verwandtschaft oder Ihrem Freundeskreis. Das könnte zum Beispiel ein Patenkind, ein Neffe / eine Nichte oder ein eigenes Kind samt Freund/in sein. Auf diese Weise lernen Sie einander noch mal ganz anders kennen als im Alltag oder auf größeren Feiern.

Das Tüpfelchen auf dem i

Damit der Freund / die Freundin sich wohlfühlt und es keine peinlichen Gesprächspausen gibt, sollten Sie sich vor dem Treffen ein wenig erkundigen. Finden Sie so viel wie möglich über ihn/sie heraus – über Herkunft, persönliche Erfahrungen, Interessen und Zukunftspläne. Überlegen Sie sich aufgrund dieser Informationen, wie Sie eine Unterhaltung beginnen und welche Fragen Sie stellen könnten.

Zum Ablauf

Bei einem Doppeldate liegt es nahe, gemeinsam essen zu gehen. Wenn Sie den Freund / die Freundin der eingeladenen Person aus Ihrem Umfeld noch nicht so gut kennen, wäre eine nicht zu förmliche Mahlzeit – zum Beispiel Pizza – am besten, damit die Atmosphäre entspannt ist. Stellen Sie sich darauf ein, dass Sie bei den Gesprächen die meiste »Arbeit« leisten müssen, zumindest am Anfang. Versuchen Sie eine gute Balance zu finden: Halten Sie keine Monologe, sondern locken Sie auch die beiden Jüngeren aus der Reserve. Widerstehen Sie der Versuchung, Ihren persönlichen Gast vor seiner Begleitung zu necken oder in peinliche Situationen zu bringen, auch wenn Ihnen das nur als harmloser Spaß erscheint.

Für eine ungezwungene Begegnung könnte auch Minigolf oder Bowling infrage kommen. Auf diese Weise können Sie zusammen sein und haben neben dem Austausch noch eine schöne Beschäftigung. Es bietet auch die Gelegenheit zu einem freundschaftlichen Wettkampf.

 ## Die richtige Sprache sprechen

Wenn Zärtlichkeit die wichtigste Liebessprache Ihres Partners / Ihrer Partnerin ist, können Sie beide Ihre Liebe während des Dates durch angemessene zärtliche Berührungen zeigen, indem Sie sich an den Händen halten oder einander den Arm um die Schultern legen.

# Den »Dritten im Bunde« miteinbeziehen

Lesen Sie gemeinsam die folgenden Bibelstellen:

> Psalm 71,17-18: »Von Jugend auf bist du mein Lehrer gewesen, und bis heute erzähle ich von deinen Wundertaten. Lass mich auch jetzt nicht im Stich, o Gott, jetzt, wo ich alt und grau geworden bin! Ich möchte meinen Kindern und Enkeln noch erzählen, wie groß und mächtig du bist!«
> Sprüche 9,9: »Unterweise den Klugen, und er wird noch klüger. Belehre den, der Gott gehorcht, und er wird immer mehr dazulernen.«

Wenn Sie möchten, verwenden Sie die folgenden Fragen und die Denkanstöße in Klammern als Grundlage für Ihr Gespräch über diese Verse:

> Was sind die wichtigsten Dinge, die Sie von Ihren Eltern gelernt haben? (Vielleicht haben Sie von ihnen gelernt, wie man als Christ authentisch lebt oder wie man mit Menschen umgeht, die einen ungerecht behandeln.)
> Warum gibt Gott jungen Menschen wohl die Anweisung, auf den weisen Rat Älterer zu hören? (Weisheit ist etwas, das man sich hart erarbeiten muss. Manchmal bekommt man sie nur durch zunehmende Lebenserfahrung.)
> Welcher Zusammenhang besteht zwischen Demut und Weisheit? (Die Demut lässt uns offen sein für den Gedanken, dass wir von anderen Menschen – vor allem von älteren – etwas lernen können.)

➤ Wie können Sie jüngeren Menschen helfen, von Ihrer Weisheit zu lernen, und dabei bescheiden bleiben? (Zum Beispiel sollte man der Versuchung widerstehen, sich in jedes Thema einzumischen. Wenn wir in jeder Sache unseren Kommentar abgeben und so tun, als ob wir uns mit allem auskennen, obwohl das gar nicht der Fall ist, verlieren unsere Worte an Bedeutung. Wenn wir jedoch die Zeitpunkte, zu denen wir unsere erworbene Weisheit weitergeben, sorgfältig auswählen, werden wir eher auf positive Resonanz stoßen.)

Beten Sie gemeinsam. Danken Sie Gott dafür, dass Sie jüngeren Menschen ein Vorbild sein dürfen. Bitten Sie ihn um Weisheit, Erkenntnis und das Kommunikationsvermögen, um andere auf das vorzubereiten, was vor ihnen liegt.

Lesetipp

Andacht aus der *Bibel für Paare,* S. 24 a (»Die Erblast der Lüge«)

51. Unsere Familiengeschichte

Drehen Sie für künftige AhnenforscherInnen ein Video, in dem Sie alles über Ihre Herkunft erzählen. Geben Sie wieder, was Ihnen Ihre Eltern und Großeltern über die Vorfahren Ihrer Familie berichtet haben. Ziel des Ganzen ist es, all denen zu helfen, die sich in der Zukunft mit Ihrem Familienstammbaum beschäftigen werden. Ermöglichen Sie es ihnen, die Lücken zu füllen.

Das Tüpfelchen auf dem i

Wenn Sie diese Aktion besonders ernst nehmen möchten, können Sie im Vorfeld einen DNA-Vorfahrentest durchführen lassen. Dazu brauchen Sie jedoch einen gewissen Vorlauf, denn der Test benötigt meist mehrere Wochen.

Das Ergebnis liefert in der Regel Informationen über das Erbgut der eigenen Vorfahren, wobei die verschiedenen Nationalitäten prozentual dargestellt werden. Außerdem erhält man Auskunft über den Weg der Einwanderung, den diese Vorfahren genommen haben; über die Orte, an denen sie sich ansiedelten; sowie die Namen anderer Personen aus der DNA-Datenbank, die mit einem verwandt sein könnten.

Wenn Sie Ihre Geschichte vor der Kamera erzählen, können Sie versuchen, die Ergebnisse Ihrer DNA-Vorfahrenanalyse mit dem in Einklang zu bringen, was Sie von Ihren Eltern und Großeltern über Ihren Stammbaum erfahren haben.

Zum Ablauf

Die Ahnenforschung ist für nicht wenige Leute zu einer beliebten Freizeitbeschäftigung geworden. Selbst wenn sich im Augenblick niemand in Ihrer Familie mit dem Zurückverfolgen der eigenen Wurzeln befasst, heißt das nicht, dass auch in Zukunft niemand aus Ihrer Verwandtschaft auf die Idee kommt, mehr über seine Vorfahren herauszufinden. Um diesen künftigen StammbaumforscherInnen unter die Arme zu greifen, sollten Sie sich die Zeit nehmen, vor der Kamera ausführlich über Ihre Familie zu sprechen.

Akkurate Informationen sind hier wichtig, daher wäre es ratsam, sich vorher ein paar Notizen zu machen. Geben Sie so viele wichtige Daten weiter, wie Sie können – vollständige Namen, Geburtsdaten, Geburtsorte, Heimatorte, Hochzeitsdaten, Berufe, Sterbedaten. Vervollständigen Sie diese Informationen ggf. mit Ihren persönlichen Erinnerungen an die betreffenden Personen. Verschaffen Sie Ihren Nachkommen einen Eindruck davon, wer Ihre Angehörigen waren.

Die richtige Sprache sprechen

Wenn Geschenke die wichtigste Liebessprache Ihres Partners / Ihrer Partnerin sind, könnten Sie ihm/ihr eine besondere Freude machen, indem Sie einen professionellen Ahnenforscher damit beauftragen, sich mit dem Stammbaum Ihres Partners / Ihrer Partnerin zu beschäftigen. Sie werden überrascht sein, was ein Profi so alles herausfinden kann. Natürlich sollten Sie das bereits im Voraus planen. Präsentieren Sie Ihrem Partner / Ihrer Partnerin die Ergebnisse als Teil Ihrer gemeinsamen Aktion.

Den »Dritten im Bunde« miteinbeziehen

Lesen Sie gemeinsam Galater 3,26-29:

»Nun seid ihr alle zu Kindern Gottes geworden, weil ihr durch den Glauben mit Jesus Christus verbunden seid. Ihr gehört zu Christus, denn ihr seid auf seinen Namen getauft. Jetzt ist es nicht mehr wichtig, ob ihr Juden oder Griechen, Sklaven oder Freie, Männer oder Frauen seid: In Jesus Christus seid ihr alle eins. Gehört ihr aber zu Christus, dann seid auch ihr Nachkommen von Abraham. Als seine Erben bekommt ihr alles, was Gott ihm zugesagt hat.«

Wenn Sie möchten, verwenden Sie die folgenden Fragen und die Denkanstöße in Klammern als Grundlage für Ihr Gespräch über diese Bibelstelle:

> Welche Verbindungen haben wir zu anderen Menschen durch unsere DNA und gemeinsame Vorfahren? (Wir sind mit ihnen durch die Tatsache verbunden, dass wir von denselben Menschen abstammen. Wir haben eine gemeinsame Familiengeschichte und vielleicht ähneln wir einander auch. Das ist aber zunächst mal schon alles.)

> Wie unterscheidet sich dies von den Verbindungen, die wir durch Jesus Christus zu anderen Menschen haben? (Unsere Vorfahren können wir uns nicht aussuchen. Durch den Glauben an Jesus werden wir Teil des Leibes Christi und gehören zur Familie Gottes.)

> Was haben Christen miteinander gemeinsam? (Wir teilen unseren Glauben. Wir alle haben unsere Sünden bekannt und uns eingestanden, dass wir uns selbst nicht retten können. Wir haben Gott um Vergebung gebeten und Jesus unser Leben übergeben. Nun wirken wir zusammen als der Leib Christi auf Erden, um seinen Willen zu erfüllen.)

> Warum sind im Leib Christi Unterschiede in Bezug auf Herkunft und Geschlecht unwichtig? (Wir alle gehören zu *einem* Leib. Jeder von uns hat eine Aufgabe – eine geistliche Gabe, die er einsetzen soll. Nur darauf kommt es wirklich an.)

> Wie sollten wir auf Probleme reagieren, die zu einer Spaltung der Gemeinde beitragen können? (Einerseits sollen wir einander die Wahrheit in Liebe sagen. Das kann bedeuten, dass wir einen Bruder oder eine Schwester darauf ansprechen sollten, wenn sein/ihr Verhalten der Gemeinschaft schadet, jedoch liebevoll und demütig. Abgesehen davon sind wir dazu aufgeru-

fen, die Einheit mit unseren Glaubensgeschwistern zu suchen.)

Beten Sie gemeinsam. Danken Sie Gott für die Einheit und Gemeinschaft, die wir in seiner Familie finden dürfen. Bitten Sie ihn um die Weisheit, mit problematischen Themen in Ihrer Gemeinde auf die richtige Art umzugehen.

Lesetipp

Andacht aus der *Bibel für Paare,* S. 1248 a (»Keine Ungleichbehandlung!«)

52. So klingen Erinnerungen

Das hier könnte zur entspannendsten Idee in diesem Buch werden. Hören Sie gemeinsam Ihre jeweilige Lieblingsmusik aus der Vergangenheit – im Auto, zu Hause im Wohnzimmer oder an einem schönen Plätzchen im Freien, wo es niemanden stört. Das weckt nostalgische Gefühle. Wenn ein Lied eine bestimmte Erinnerung bei Ihnen auslöst, unterhalten Sie sich darüber und erzählen Sie, was diesen Song für Sie so besonders macht.

Das Tüpfelchen auf dem i

Statt sich auf die Playlist eines Radiosenders zu verlassen, können Sie Ihre eigene erstellen, mit Songs aus der Zeit, als Sie und Ihr/e Partner/in jünger waren. Im Netz und bei Musik-Streaming-Diensten können Sie nach den Hits aus ganz bestimmten Jahren suchen. Das wäre ein guter Ausgangspunkt. Beschränken Sie sich dabei nicht nur auf Ihre Teenagerjahre. Suchen Sie auch nach Musik, die beliebt war, als Sie noch ein Kind waren. Vielleicht weckt das ein paar Erinnerungen daran, wie Sie mit Ihren Eltern – oder vielleicht sogar mit den Großeltern – gemeinsam Musik gehört haben. Wenn Sie Lieder kennen, die für Ihre/n Partner/in von besonderer Bedeutung sind, sollten Sie auch diese in die Playlist mit aufnehmen.

Zum Ablauf

Suchen Sie nach Radiosendern oder Playlists, die Oldies, klassische Rockmusik, R&B, ältere Hip-Hop-Songs oder eine andere Stilrichtung, die Sie favorisieren, spielen bzw. beinhalten. Merken Sie sich diese, damit Sie sie parat haben, wenn es losgehen soll.

Wenn Sie dann anfangen und ein Lied hören, das eine bestimmte Erinnerung hervorruft, sprechen Sie miteinander darüber. Ist es eine gute oder schlechte Erinnerung? Wissen Sie noch, welche Musik gespielt wurde, als Sie damals mit Freunden Sport gemacht oder auf der Liegewiese am See zusammengesessen haben? Erinnert ein bestimmtes Lied Sie an den Sommer, in dem Ihre Eltern sich haben scheiden lassen?

Sie können auch gezielt Titel heraussuchen, mit denen Sie besonders starke Erinnerungen verbinden – zum Beispiel den Song, der gespielt wurde, als Sie Ihren ersten Kuss bekamen, oder das Lied, das Ihre Großmutter Ihnen immer vorgesungen hat. Denken Sie gemeinsam darüber nach, warum Musik so starke Erinnerungen hervorrufen kann.

Die richtige Sprache sprechen

Wenn die wichtigste Liebessprache Ihres Partners / Ihrer Partnerin Geschenke sind, können Sie dieser Aktion noch ein Sahnehäubchen aufsetzen: Schenken Sie ihm/ihr Eintrittskarten für ein Konzert seiner/ihrer Lieblingsband. Auch auf der Hin- und Rückfahrt können Sie die entsprechende Musik hören.

Den »Dritten im Bunde« miteinbeziehen

Lesen Sie gemeinsam die folgenden Bibelstellen:

> Psalm 102,19: »Diese Worte soll man aufschreiben für die Generationen, die nach uns kommen, damit auch sie es lesen und den HERRN loben.«
> Jeremia 30,2: »So spricht der HERR, der Gott Israels: Schreib alles, was ich dir gesagt habe, in einem Buch nieder!«

Wenn Sie möchten, verwenden Sie die folgenden Fragen und die Denkanstöße in Klammern als Grundlage für Ihr Gespräch über diese Verse:

> Gibt es Lieder, die Sie an etwas erinnern, das Gott für Sie getan hat? (Falls Ihnen hierzu nichts einfällt, weiten Sie die Frage aus: Gibt es irgendwelche Dinge, die Sie an etwas erinnern, das Gott für Sie getan hat?)
> Warum hat Gott Ihrer Meinung nach den Propheten Je-

remia angewiesen, seine Worte aufzuschreiben? (Gott wollte, dass sein Volk sich nicht nur an seine Worte erinnerte und dafür dankbar war, sondern wünschte sich dasselbe auch in Bezug auf seine Taten – seine Wunder, seine Heilungen, seine Antworten auf ihre Gebete. Wenn solche Ereignisse nicht aufgeschrieben werden, geraten sie leicht in Vergessenheit. Das ist auch der Hauptgedanke hinter Gebetstagebüchern.)

› Wenn Sie bisher kein Gebetstagebuch führen: Was könnten Sie in einem solchen festhalten? (Sie könnten unter dem jeweiligen Datum eine möglichst genaue Liste all dessen notieren, wofür Sie an diesem Tag gebetet haben. Schildern Sie die Situationen, bei denen Sie Gott um sein Eingreifen gebeten haben. Was wollten Sie damit erreichen? Worum genau haben Sie ihn gebeten? Nachdem Sie Ihre Gebetsanliegen aufgeführt haben, sollten Sie eine weitere Liste anlegen, in der Sie die Antworten aufschreiben, die Sie auf Ihre Gebete erhalten haben. Auf lange Sicht wird dies der wichtigste Teil Ihres Tagebuches sein, denn er ermöglicht es Ihnen, Gottes Wirken in Ihrem Leben nachzuverfolgen.)

› Wie kann man ein Gebetstagebuch effektiv nutzen? (Zunächst einmal sollten wir sorgfältig nach Gebetserhörungen Ausschau halten, die nicht so offensichtlich sind. Nur weil Gott nicht genau das getan hat, was wir von ihm erwartet haben, oder nicht genau dann, wann wir es wollten, heißt das nicht, dass er nicht auf unser Gebet reagiert hat. Oft wirkt er in besonderen Situationen und durch sie auf eine Art und Weise, die man nur im Rückblick erkennen kann. Darum ist es so wichtig, die Aufzeichnungen im Gebetstagebuch sorgfältig zu führen und immer wieder auf frühere Gebetsanliegen zurückzuschauen.)

Beten Sie gemeinsam. Danken Sie Gott für die Bibel, in der so viel Gutes schriftlich festgehalten ist. Loben Sie ihn auch für sein Wirken in Ihrem Leben – für all das, was es verdienen würde, aufgeschrieben zu werden. Bitten Sie ihn, dass er Ihnen dabei hilft, ein Gebetstagebuch zu führen, das Ihre Beziehung zu ihm vertieft.

Lesetipp

Andacht aus der *Bibel für Paare,* S. 350 a (»Eine lebendige Beziehung«)

Verzeichnis aller Ideen mit Blick auf die 5 Sprachen der Liebe

Hilfsbereitschaft

Küsse über Küsse
So viel zu entscheiden
Ein Ausflug zum Wochenmarkt
Nachrichten aus einem anderen Ort
Auf Verschönerungsmission
Zwei Engel im Tierheim
Die ganze Nacht durchmachen
Wahrheit oder Pflicht
So schön wie damals …
2 x 10.000 Schritte

Zärtlichkeit

Eine Zeitreise ins Jahr 1999
Tanz mit mir!
Eine Indoor-Radtour
Soundtrack der Liebe
Leute beobachten – aber mit System
Ich wünsche mir …
Hier geht's um den Apfel
Ein Tag wie im Jahr 1800
Vorfreude ist die schönste Freude!
Geburtstagsgrüße, die von Herzen kommen
Doppeldate – Senior-Version

Zweisamkeit

Sammelleidenschaft
Der Auftakt einer neuen Freundschaft
Mal was Neues ausprobieren
Ausmisten im kleinen Stil
Wie viel schneller geht's?
Regen – na und?
Graffiti-Künstler
Eine Heimat-Tour
Ganz spontan
Spiele aus dem Stegreif

Geschenke

Ihr persönlicher Chauffeur-Service
Die einen lernen von den anderen
Ganz schön sandig!
Gemeinsam abhängen
Traumurlaubsplanung
Lebensretter
Unsere gefiederten Freunde
Sterngucker
Do it yourself!
Unsere Familiengeschichte
So klingen Erinnerungen

Lob und Anerkennung

Der erste Eindruck
Ein besonderer »Kinoabend«

Worte, die Wirkung zeigen
Ein Puzzle mit vertrautem Motiv
Spuren hinterlassen
Ein unvergesslicher Schneemann
Memes für dich
Hast du gewusst, dass …?
Doppeldate – Junior-Version
Die Regie abgeben